森友・国有地払下げ
不正の構造

元検事・参議院議員
小川敏夫

緑風出版

目次

森友・国有地払下げ不正の構造

第三章　なぜ、不当な値引き売却が実行されたのか　143

売却前の国有地の状況（平成 22 年地下構造物調査報告書より）

第一章　経過の概要と問題の所在について

一 「約九億円から約一億円へ――あり得ない値引き」

平成二十九年二月九日、大阪府豊中市野田一五〇一番所在の国有地八七七〇・五三㎡(以下、単に国有地と言う場合にはこの土地を指す。)が学校法人に近隣土地の一割程度の価格で売却されたと朝日新聞に報じられ、翌十日に、財務省が、評価額九億五三〇〇万円の土地を、地下に廃材と生活ごみが埋まっているという理由で一億三四〇〇万円で売却したことを公表した。

ごみが埋まっていただけで、九億円を超える土地が一億円程度になると言うのはおかしい。国民の怒りの声が上がった。

二 「安倍総理大臣夫妻の関与は?」

なんで、そんな無茶苦茶な安値で国民の財産である国有地が売却されてしまうのか。

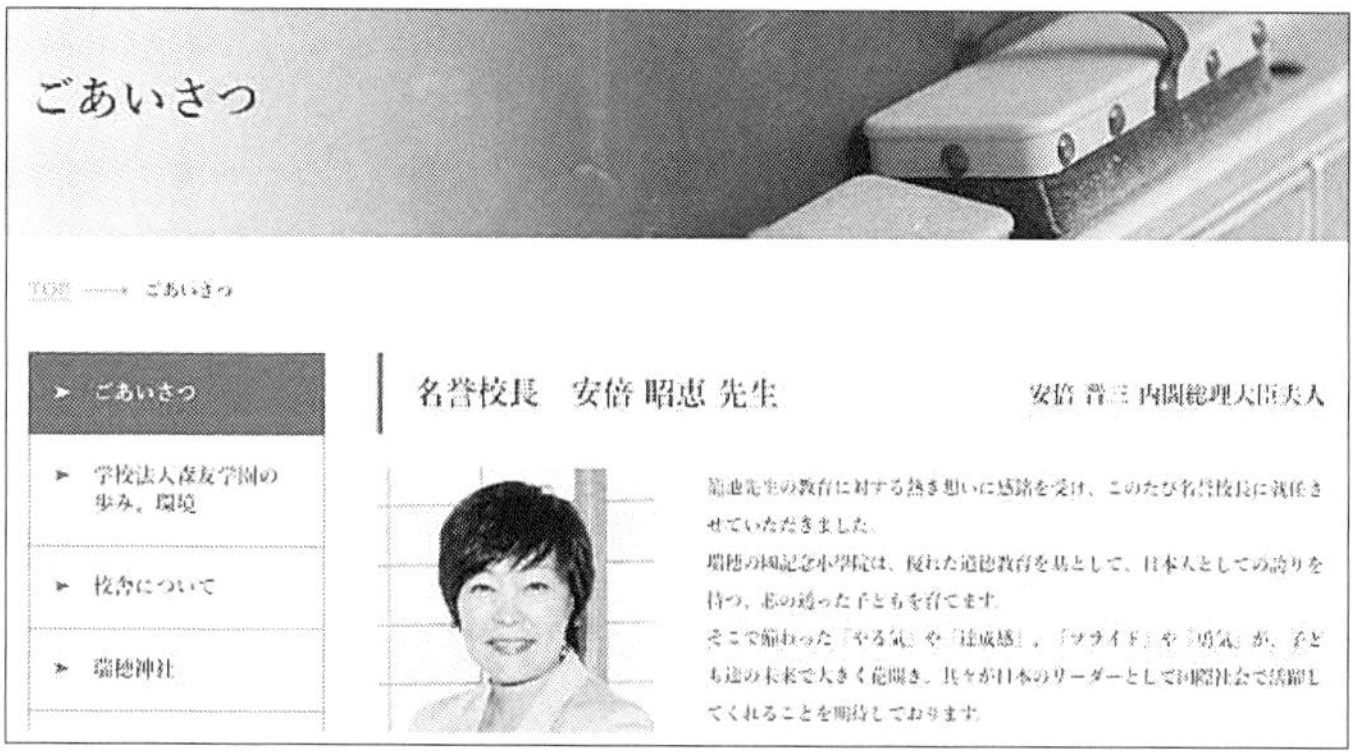

安倍昭恵名誉校長の就任挨拶（森友学園のホームページより）

しかも、お堅いといわれる財務省がしたことである。

お堅い財務省が自分からそんな馬鹿なことをする筈がない。

と言うことは、裏で誰かが動いたのではないか、又ぞろ政治家が圧力とか口利きとかをしていたのではないかと推察することになる。

それでは、国有地の払下げを受けた学校法人は一体どういう法人なのだ。

その学校法人が学校法人森友学園（以下単に森友学園と言う。）である。購入した国有地に「瑞穂の國記念小學院」という名称の小学校を開設する予定でいたのであるが、その小学校の名誉校長として安倍晋三内閣総理大臣の妻の安倍昭恵夫人の名前があったことや、森友学園が他所で経営する幼稚園において園児に教育勅語を暗唱させる教育をしていたことなどが大きく報道された。

森友学園と安倍総理夫妻との関係はどうなのか、国民の関心は一層高まった。

国会は、野党が一斉に追及の火の手を上げた。その中で、安倍総理大臣は、自身や妻の関与があれば引責辞職すると発言した。

二月十七日（以下、会議録の日付は全て平成二十九年） 衆議院予算委員会 安倍総理大臣答弁

「私や妻がこの認可或いは国有地払い下げに、もちろん事務所も含めて、一切かかわっていないということは明確にさせていただきたいとおもいます。もしかかわっていたのであれば、これはもう私は総理大臣をやめるということでありますから、それははっきりと申し上げたい、このように思います。」

「繰り返しになりますが、私や妻が関係していたということになれば、まさに私は、それはもう間違いなく総理大臣も国会議員もやめるということははっきりと申し上げておきたい」

答弁する安倍総理大臣

この総理発言により、国民の関心は一層高まり国有地の払い下げの経過の解明を求める声が広まった。

しかし、国有地の売却に至る経過について、政府から国民が十分に理解できるような説明はなされていない。

筆者は、こうした経過の中で、国民の前に事実を明らかにするべく検討を加えた結果、国有地の値引きの理由に合理性はなく、新たに発見されたというごみは存在していないとの結論に至った。

本書は、その結論に至った検討の経過を説明し、論証するものである。

第二章　国有地売却の不当性とその仕組

一　値引き理由の新たなごみが存在しない確かな証拠がある

1　ボーリング調査結果

平成二十六年十月、のちに国有地を購入する森友学園の依頼で実施されたボーリング調査等による地盤調査があり、国有地は、三・〇五メートル及び三・一〇メートルの深さで沖積層が形成され、それより深くには埋設物は無いことが確認されている。

この地盤調査は、ボーリング調査、原位置試験及び室内土質試験を実施し、計画地盤の地層構成を明らかにするとともに、土質特性の把握に努め、設計、施工の基礎資料とすることである。

ボーリング調査位置は、左図のとおり国有地の北側の二箇所である（本書に掲載する地図、写真は関係省庁のプリント配布を利用しているため不鮮明であることをお断りしておく」）。

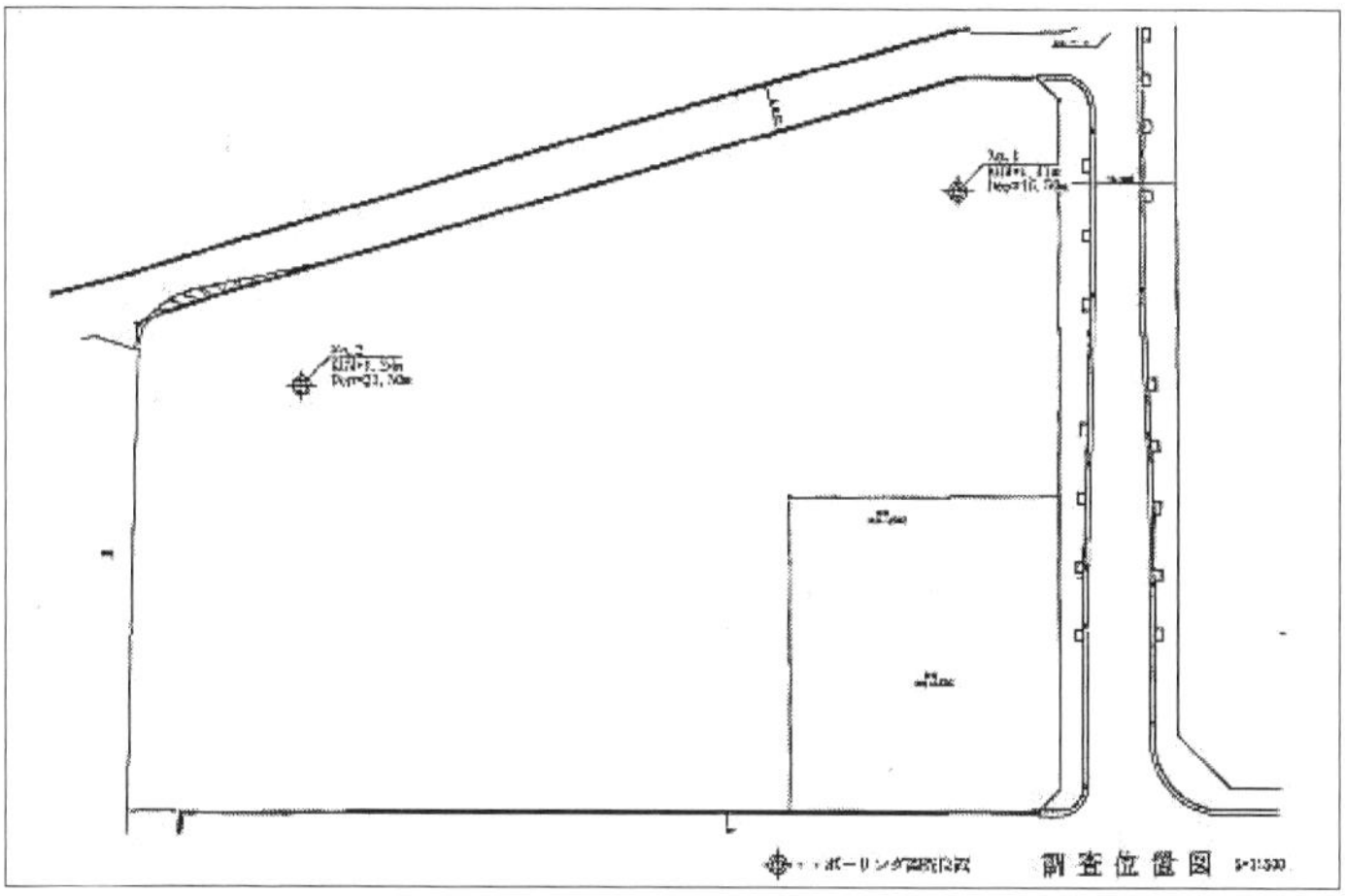

ボーリング調査位置図（平成 26 年 10 月、森友学園の依頼で実施）

具体的調査結果は、以下のとおりである。

調査地付近を構成する地層は、下位に洪積層が、上位に沖積層が分布している。表層部には造成時に施工された盛土層が被覆している。

その地層の厚さは表層部から下位に以下のとおり分布している。

地質　**層厚**（メートル）

盛土層　三・〇五～三・一〇

「敷地造成時に施工された砂質土が主体である。細～粗砂を主体とし、シルト～粘土および径二～八〇㎜程度の亜円～円礫を不均質に混入している。上部で植物根を多く混入し、中～下部で塩ビ片や木材およびビニル片などを多く混入している。No.1地点（一七頁図の右上の地点――筆者注）では層厚〇・三五メートル程度の粘性土を挟む。」

沖積層　第一粘性土層　〇・二五～〇・三五

「盛土層直下に分布する粘性土である。高塑性・高含水の軟質粘土を主体とし、細砂を不均質に混入している。」

沖積層　砂質土層　二・九〇～三・一〇

「沖積層第一粘性土層下位に分布する砂質土層である。細～粗砂の混成砂を主体とし低塑性シルト～高塑性粘土を不均質に混入している。貝殻片を点在している。」

沖積層　第二粘性土層　三・六〇～四・六〇

「沖積砂質土層下位に分布する粘性土層である。高塑性・高含水の軟質粘土を主体とし、細砂を不均質に混入している。貝殻片を少量混入している。No.1地点地下八・二〇メートル付近では木片を混入している。含水量は高い。」

この層で確認されている木片は、地層が乱れていないことから貝殻片と同様に地層形成過程で混入したものと考えられる。

以下洪積層が続くが、本件では、後述するように、地下九・九一メートルまでが問題となるので、記載の層より深い部分についてはここでは触れない。

ところで、沖積層とは、ウルム氷期最盛期（一・八〜二万年前）以降に堆積して形成された地層である。新しい時代の地層なので、固結が不十分で軟弱であることが多い。海中で堆積して形成され、およそ一万年前から始まった縄文海退によって海面が後退したことにより海面の上に出た地層が多い。国有地の沖積層に貝殻片が混入していることは、国有地がかつて海底にあって堆積して形成されたことを示している。

2　工事関係者は調査結果を分かっていた

このボーリング調査について森友学園理事長の籠池泰典氏から、小学校建築の設計事務所と担当弁護士とのメールが公表された。

そのメールは、ボーリング調査資料を近畿財務局に提出すれば、約三メートル以深にはごみが無いことが証明されてしまうので、当該資料を提出すべきか否かを相談したやり取りである。

「四―七　設計事務所から弁護士宛メール抜粋」

「内容としましては、添付に計画地のボーリング調査の資料をつけております。ボーリング柱状図というもので、これはどのくらいの深さで、どのような地層があるということを示した図です。これでいくと、ボーリングした位置においては、約三m以深には廃棄物がないことを証明しております。故にア、イにてつけている柱状図をつけるべきか否かを相談させていただきたく存じます。」

「四―九　弁護士から設計事務所宛メール抜粋」

「柱状図がないことは不自然でしょうか。求められてから提出するようにできるのであればしたいです。

しかし、柱状図が欲しいと記載されていますし、柱状図がないというのもあり得ないので提出せざるを得ないですね、柱状図ではあらわれていないが、廃棄物が混じっているということを、付記するとか理屈を考えることはできませんでしょうか。

経過の報告についても了解です。

実際どうこうではなく、机上の計算でも構わないというのが、近畿財務局の考え方なのではないかと思います。」

「四―九　設計事務所から弁護士宛メール抜粋」

「柱状図について
我々が違和感を感じる事柄で、果たして不動産鑑定士が協力的な判断を下すでしょうか？
やはり仰られるように、言われてから提出するべきかと考えます。
（中略）
推測される鑑定士からの回答のオチが
実際のボーリングデータでは産廃が三m以深では無い
敷地全体でも無いであろうと推測できる
実際にボーリングしましょう
産廃が三m以深では無い
じゃあ、そんなに引けないですよね……

という正論で負けてしまいそうな感じがしてなりません」

「四―一〇　弁護士から設計事務所あてのメール抜粋」

「柱状図の提出はやめましょうか

裁判になれば、いずれにせよ負ける要素になるのであれば、それは仕方ないと思います。

曖昧な形で、億単位の交渉はできません。」

籠池氏提出のこれらのメールによれば、業者サイドが、ボーリング調査の結果、ごみが三メートル以深では存在せず、敷地全体でもそのように推測するのが正論だと認めているのである。

3　「政府の苦しい説明」

政府は、このボーリング調査結果について次のように説明している。

三月十日参議院予算委員会　佐藤善信国交省航空局長

「本件ボーリング調査は、私どもが実施をいたしました地下埋設物を探査、確認する目的での地下構造物調査とは明確に目的や調査方法が異なるものでありまして、地下埋設物の情報等を必ずしも十分得られるものではないというふうに考えてございます。」

四月二十日参議院国土交通委員会　石井国交大臣

「かってこれは河川だったところを由来とする池、沼でございますので、どこがどれぐらいの、一定の深さになっているわけでは必ずしもないということで、場所によっては相当深さが違っていたのであろうということで、僅か二本のボーリング調査、それも端のボーリング調査だけでは池の深さを特定することは私どもは難しいというふうに考えてございます。」

ボーリング調査が、国による埋設物調査とは目的や調査方法が異なるのは事実である。

しかし、問題は目的や方法が異なるかどうかということでは無く、ボーリング調査によって、地下埋設物の情報が得られるかどうかである。

ボーリング調査の目的は、建物の基礎工事の実施に先立って、土地を掘削し地盤の硬軟や土壌の組成構造を明らかにすることにある。従って、ボーリング調査によって地下埋設物の状況が把握されることは当然の話である。

また、石井大臣の答弁は、本質から外れている。

本章七項（ごみの撤去処理費用積算の不当性）に記載のとおり、政府は、二七頁下図に示した国有地の約六〇％の地域に、土量に対する四七・一％の混入率という著しく多量のごみがあるとしている。

にもかかわらず、その区域内にある二カ所のボーリング調査のいずれにおいても深い位置にあるとされる新たなごみは存在しないことが確認されていることが問題の本質である。

ところで、石井大臣は、かって国有地は河川由来の池、沼であったから場所によって深さが違うと言うが、昭和四年の地形図（二五頁の地図）からは、国有地は河川ではなく細長い溜池である。そして、地域一帯は平野部であり底地が深く削られるような流れは

地形図（2）　1929年（昭和4年）

売却前の国有地の状況。○印が対象地域（平成 22 年地下構造物調査報告書より）

考えられない。従って、国有地内の場所によって相当深さが違っていたとは考えられない。

また、本章四（国有地は通常の宅地適地である）の２（国有地の履歴調査）で述べるとおり、沼の水の位置が時期により移動している。深い沼ならば、水の溜まる位置が変わることはないから沼の深さはそれほど深くはなかったことが分かる。

さらに、石井大臣は、ボーリング調査が国有地の端を調査したものと述べる。一の１に掲示した位置図（左頁上図――筆者注）を再掲するが、ボーリング調査地点は位置図のとおりであり端ではない。それどころか、本章三項（新たなごみなど存在しない）２の③に記載するが、試掘箇所八カ所の中で唯一三メートルを超える深さまでごみがあったと国が主張する試掘地点を示す試掘調査位置図の№１地点（左頁下図の左上の地点――筆者注）と西側ボーリング地点はほぼ同一地点である。

このことは、ボーリング地点が偶々ごみの埋設が浅い地点であったというのではなく、反対にごみが最も多くあると想定される地点であったことを示している。

ボーリング調査という客観調査が、深さ三メートル程度までしかごみが存在しないこ

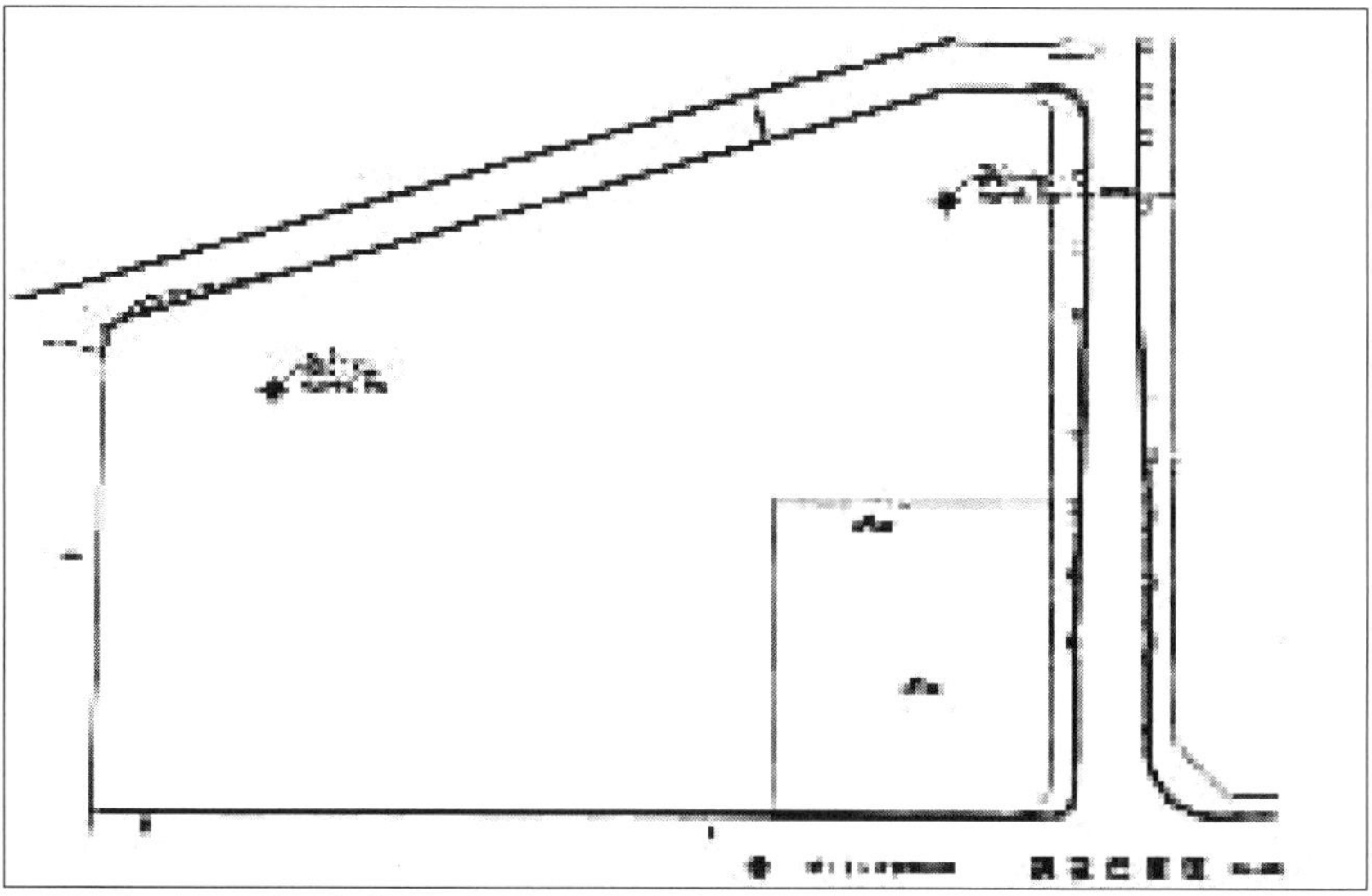

ボーリング調査位置図（平成 26 年、森友学園実施）

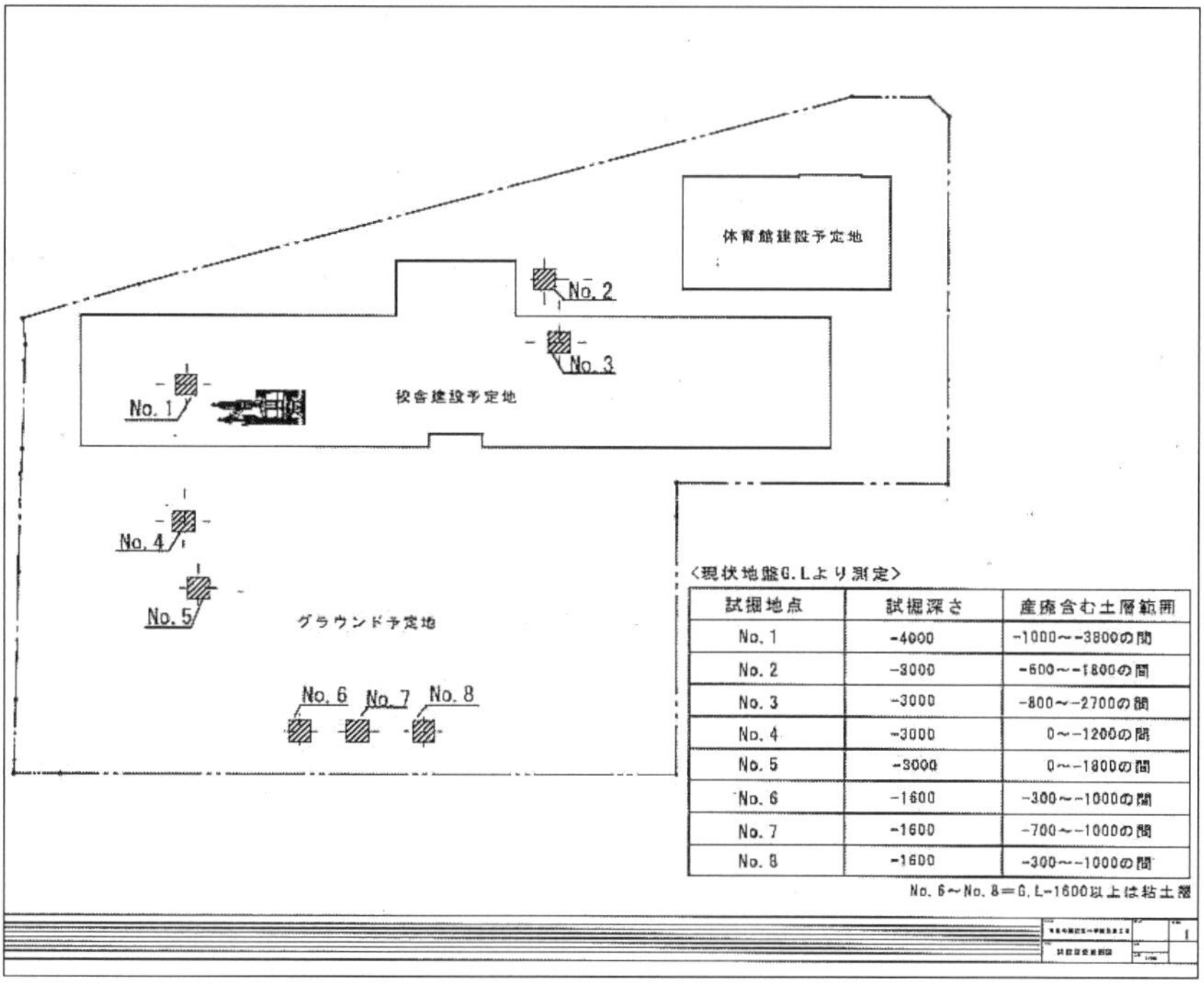

<現状地盤G. Lより測定>

試掘地点	試掘深さ	産廃含む土層範囲
No. 1	−4000	−1000～−3800の間
No. 2	−3000	−600～−1800の間
No. 3	−3000	−800～−2700の間
No. 4	−3000	0～−1200の間
No. 5	−3000	0～−1800の間
No. 6	−1600	−300～−1000の間
No. 7	−1600	−700～−1000の間
No. 8	−1600	−300～−1000の間

No. 6～No. 8＝G. L−1600以上は粘土層

試掘調査位置図（大阪航空局、平成 28 年 3 月）

とを明確にしているのである。

上記の答弁の後、平成二十九年十一月二十二日になって、会計検査院の結果報告が出されたが、その中で、航空局が他にも国有地のボーリング調査を実施していることが明らかになった。本章四項4（一〇〇頁）に記載のとおり平成二十三年度に、専門業者に依頼して国有地の土壌汚染調査を行い、平成二十四年二月にその調査結果報告を受けているが、その調査に当たり、国有地内の五カ所において、深さ七～一〇メートルのボーリング調査が実施されている（左頁図）。

ボーリング位置図（左頁の図）の1乃至3（右上）には、三メートル程度の深さまでゴミがあることが確認されている。その下部はシルト混り砂の地層が構成されている。4、5には、ゴミは確認されず、一メートル程度でシルト質砂等の地層が構成されている。

このボーリング調査結果からも、上記二カ所のボーリング調査と同じく、地下埋設物が一部の地点で深さ三メートル程度までゴミが存在するがその下部にはゴミは存在しないことが明らかになっているし、池の深さもその程度であったことが明らかになっている。政府は、こうした客観資料を持っていながらこれを出さないで二カ所だけのボーリングでは不十分などと答弁していたのである。

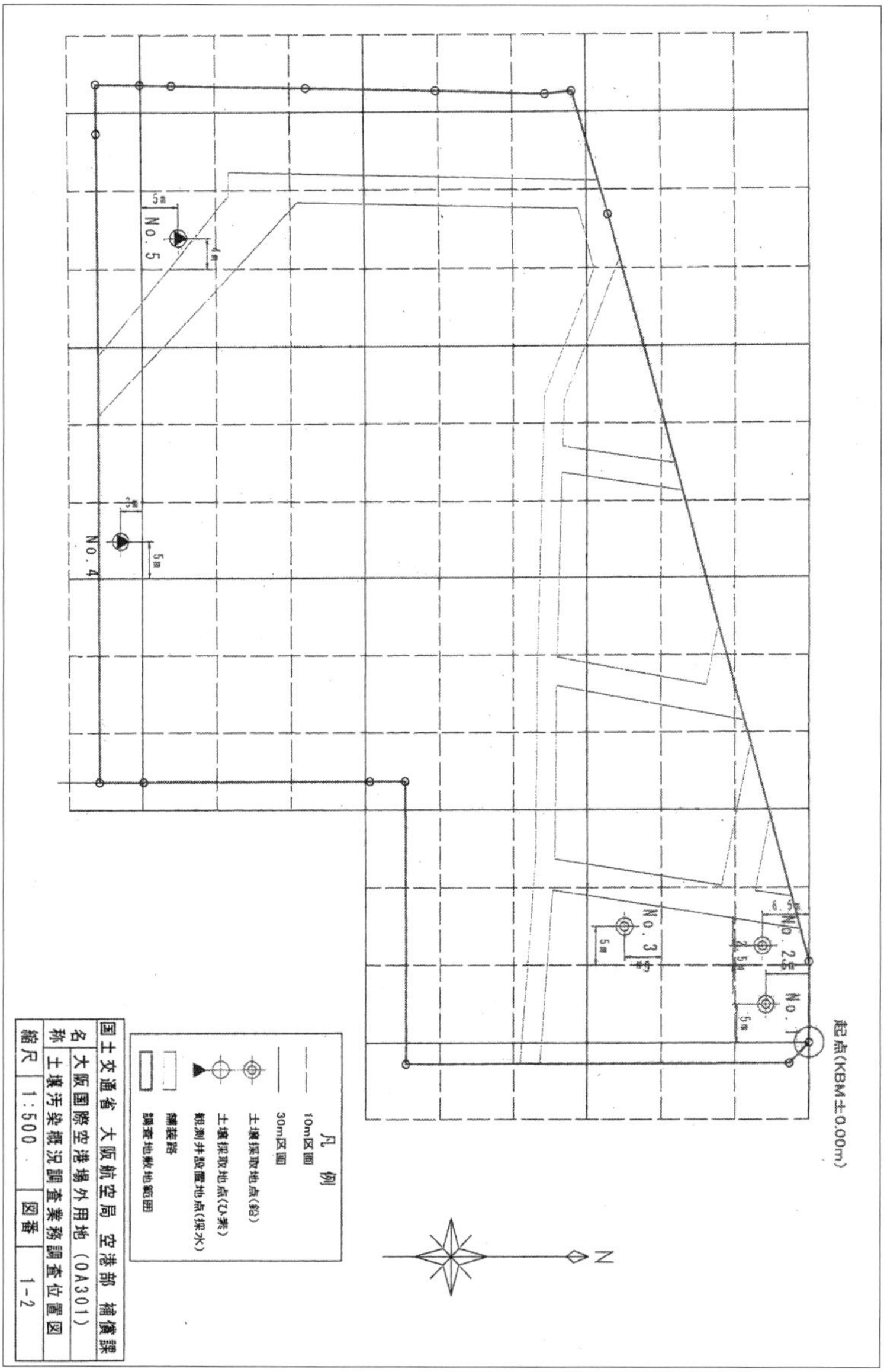

土壌汚染概況調査業務調査位置図（大阪航空局、平成24年2月）

二　三メートル程度より深い地点のごみが値引きの最大理由

約八億円もの値引きの理由とされるごみは、三メートル程度より深い地点に存在するごみが中心とされているので、その事情を説明する。

1　新たなごみと古くからのごみ

「地中深くから新たに発見されたというのが新たなごみ」

新たに発見された埋設物というが、古くからある埋設物とは何か。

平成二十一年度に大阪航空局が実施した国有地の埋設物調査で「地下構造物状況調査業務報告書　平成二十二年一月」という報告書にまとめられた調査（以下、この調査を国による埋設物調査という。）により存在が確認されているごみで、三メートル三〇センチの深さの範囲で存在が確認されている廃材、生活ごみを「古くからあるごみ」という。

その古くからあるごみとは別に、さらに深い所から発見されたとされるごみが「新たなごみ」である。

二月二十一日衆議院財政金融委員会　佐川宣寿財務省理財局長答弁

「三月十一日、二八年でございますが、森友学園、この時点で、まさに森友学園は、借地契約中に学校の建設工事をやっている真っ最中でございます。その中に、森友学園から、今委員がおっしゃった、最初の埋設物とは別に、新たに深いところから埋設物が見つかりましたという報告を三月十一日に受けたところでございます。」

2　古くからあるごみについては、国は責任を負わない

国と森友学園との契約に明記されているからである

平成二十七年五月二十九日に森友学園と近畿財務局との間で締結された売買予約契約書三一条の特約条項において、森友学園は、国による埋設物調査即ち「地下構造物状況調査業務報告書　平成二十二年一月」に記載の地下埋設物の存在等を了承した上で買い

受けることが明記されている。

同様に、同日締結の国有地に関する有償貸付合意書（三四頁）においても、第五条一項、同三項において、森友学園は、国による埋設物調査に記載の地下埋設物の存在を了承し、了承した埋設物の存在を理由として損害賠償請求等の責任追及をしないことが約束されている。

このように、国による埋設物調査で判明している地下埋設物（古くからあるごみ）は契約締結段階で織り込み済みである。

特に重要なことは、本章五（国有地の鑑定評価）に記載のとおり、国有地の鑑定評価において、そうした判明済みの埋設物の存在を折り込み、古くからあるごみの除去に要する費用を減算した上で国有地の鑑定評価額が九億二九六六万六〇〇〇円と鑑定評価されていることであり、その鑑定評価額を根拠として貸付け契約の賃料が決定され、売買予約が本契約となる時の売買価格の前提とされていることである。

従って、地下埋設物の存在を理由に国有地の鑑定評価額を九億円超の従来鑑定額から引き下げるには、判明済みの埋設物つまり古くからあるごみとは別の新たな埋設物が必

E W 第 3 8 号
平成２７年５月２９日

国有財産売買予約契約書

（特約条項）

第31条　乙は、平成26年11月7日及び平成26年12月17日に甲が引き渡した「大阪国際空港豊中市場外用地（野田地区）土地履歴等調査報告書　平成21年8月」、「平成21年度大阪国際空港豊中市場外用地（野田地区）地下構造物状況調査業務報告書（OA301）平成22年1月」、「大阪国際空港場外用地（OA301）土壌汚染概況調査業務報告書　平成23年11月」、「平成23年度大阪国際空港場外用地（OA301）土壌汚染深度方向調査業務報告書　平成24年2月」に記載の地下埋設物の存在及び土壌汚染の存在等を了承した上、売買物件を買い受けるものとする。

2　乙は、前項の内容に加えて、売買物件のうち一部 471.875 ㎡が、豊中市より土壌汚染対策法第11条第1項で定める形質変更時要届出区域に指定されていることを了承した上、売買物件を買い受けるものとする。

3　前2項のかしについては、第7条の隠れたかしに該当しない。

国有地売買予約契約書抜粋

国有財産有償貸付合意書

EＷ第３８号
平成２７年5月29日

（土壌汚染及び地下埋設物）
第5条　乙は、平成26年11月7日及び平成26年12月17日に甲が引き渡した「大阪国際空港豊中市場外用地（野田地区）土地履歴等調査報告書　平成21年8月」、「平成21年度大阪国際空港豊中市場外用地（野田地区）地下構造物状況調査業務報告書（OA301）平成22年1月」、「大阪国際空港場外用地（OA301）土壌汚染概況調査業務報告書　平成23年11月」、「平成23年度大阪国際空港場外用地（OA301）土壌汚染深度方向調査業務報告書　平成24年2月」（以下「本件報告書等」という。）に記載の地下埋設物の存在及び土壌汚染の存在等を了承するものとする。
2　乙は、前項の内容に加えて、貸付財産のうち一部 471.875 ㎡が、豊中市より土壌汚染対策法第11条第1項で定める形質変更時要届出区域に指定されていることを了承するものとする。
3　乙は、前2項を了承した上で本契約を締結するものとし、本件報告書等に記載のある汚染物質、地下埋設物等の存在及び形質変更時要届出区域の指定を理由として、瑕疵担保責任に基づく本契約解除及び損害賠償請求並びに貸付料の減免請求等を行わないことを、甲に対して約する。

売却国有財産有償貸付合意書（抜粋）

要になる。

政府は、その新たなごみが発見されたと言っているのである。深さ三メートル程度まで古くからあるごみが存在するから、それより深い所から新たなごみが発見されたという仕組になる。

三　新たなごみなど存在しない――政府説明はでたらめの山

1　政府の説明

存在しないごみが発見されたという政府は、どのように説明するのか。

政府は、次の四点を根拠に上げる。

①　三月十四日の現地確認で、九・九メートルの深さのくい掘削工事により、深いところから廃材等のごみを大量に混入する土が排出され、その土が広範に積み上げられているという業者の説明を受けた。

実際に多量のごみを混入した土が周囲に積み上げられていた。

②　業者から、くい掘削機の先端に地中深いところのごみと考えられる廃材や廃プラスチックが絡まっているとの説明を受け、業者から示された写真により、これを確認した。

③　業者が行った三・八メートルの試掘により廃材等のごみが新たに発見されたことを、三月三十日、四月五日の現地調査で確認した。

④　国有地がかつて深い沼地であったため、その埋立てやそれ以前に投棄されたごみが地下の深い層から浅い層にかけてごみが蓄積されたと考えられる。

以上の四点は、以下の政府答弁を纏めたものである。

①　**二月十七日衆議院予算委員会　財務省理財局長答弁**

「三月十一日に、森友学園が学校の建設工事をやっている最中に新たな地下埋設物が見つかりまして、そこにさまざまなごみ等が発見されたわけですが、三月十四日に、私どもの近畿財務局、それから国土交通省の大阪航空局及び現場の方々と一緒に現地を確認したわけでございます。」

②　二月二十三日衆議院予算委員会　国交省航空局長答弁

「三月十一日に学校法人森友学園から近畿財務局に対して、九・九メートルまでの深さのくい打ち工事を行った過程において新たな地下埋設物が発見されたとの連絡がありました。大阪航空局では、平成二十八年三月十四日に近畿財務局や現場関係者とともに現地に赴き、小学校校舎建設用地に地下埋設物があったことを確認してございます。」

③　二月二十四日衆議院予算委員会　財務省理財局長答弁

「三月十四日に大阪航空局と近畿財務局で現場に行きまして確認をしてございます。そのときに、もちろん現場関係者とともにもろもろの議論をした上で、九・九メートルまでのくい打ち工事実施時に地下埋設物が出ていた状況、それから試掘により三・八メートルまでの地下埋設物があることなどもきちんと確認しているところでございます。」

④　二月二十八日参議院予算委員会　国交省航空局長答弁

「平成二十一年度に大阪航空局において地下埋設物の状況を調査し、平成二十二年一月に報告書をまとめております。当該調査におきましては、先ず地表三メートル以内を探査深度とするレーダー探査を行い、その後、レーーダー探査で推定された異常箇所六八か所において深度をおおむね三メートルとして試掘を実施しております。」

「調査結果によりますと、六八か所中五か所で三メートルを超える深度から廃材等が出てきているということが確認されてございます。」

「平成二十八年の三月に工事関係者が更に試掘を行っておりまして、その場では深さ三・八メートルの層に地下埋設物があるということを確認したと承知してございます。」

⑤　三月七日参議院予算委員会　国交省航空局長答弁

「三月十四日に現地確認を行っておりますけれども、九・九メートルのくい掘削工事の過程において発見された廃材、廃プラスチック等のごみを大量に含む土が広範なエリアに積み上がっていることを確認しております。このことは、その前年の十一月に国が現地確認に赴いた際には確認されなかったことであるということでございます。

現地確認に当たりましては、工事関係者からのヒアリングにおきまして、くい掘削工事、九・九メートルの相当に深い層から廃材、廃プラスチック等のごみが出てきたとの報告がございました。

また、その当時、くい掘削工事の工事写真におきましても、掘削を終えた掘削機の先端部に絡み付くほどの廃材、廃プラスチック等のごみが発生していることや、全長一〇メートルのドリルで掘進している最中に廃材等のごみを含む土が発生している様子ということを確認しております。」

⑥　三月八日参議院予算委員会　国交省航空局長答弁

「まず、三月十四日の現地確認の方でございますけれども、九・九メートルの方でございますが、現地確認に当たりましては、その工事関係者からのヒアリングにおきまして、くい掘削工事九・九メートルの相当に深い層から廃材、廃プラスチック等のごみが出ていたと、出てきたという報告を受けております。また、当時の工事写真によりましても、掘削を終えた掘削機の先端部に絡み付くほどの廃材、廃プラスチック等のごみが発生していることや、全長一〇メートルのドリルで掘進している最中に廃材等のごみを含む土が発生している様子などが確認されているところでございます。

それから、三・八メートルの方でございますけれども、これにつきましても、三月の、失礼しました、四月の五日に現地確認を行いましたが、試掘場所周辺に廃材等と、これは工事関係者が行った試掘ということでございますけれども、試掘場所周辺に廃材等と混じった土砂が積み上げられているということを確認した上で、工事関係者から、行った試掘において三・八メートルの深さで廃材、廃プラスチック等のごみが発見されたということを確認しているところでございます。」

⑦　五月九日参議院予算委員会　国交省航空局長答弁

「三月十一日（注　三月十四日のことを言い間違えたと考えられる）でございますけれども、職員が現地に赴きまして、その場において工事関係者からヒアリングを行い、九・九メートルのくい掘削工事の過程において廃材等のごみが発見されたとの報告を受け、職員は廃材等を大量に含む土地が広範なエリアに積み上がっていることを確認しております。

第二に、そもそも九・九メートルという深い個所から実際にごみが出てくる様子を職員が直接確認することは困難でございますけれども、全長一〇メートルの掘削機の先端部に絡み付くほどの廃材等が発生していることなどについて写真で確認するなど、できる限りのチェックを行っております。

さらに、本件土地の北側や西側につきましては、昭和四十年代初頭まで池や沼であったと。

こういったことを総合的に勘案いたしまして、地下埋設物の撤去処分費用の見積もりに当たり、くい掘削箇所につきましては深さ地下九・九メートルと設定して見積もりを行うことが合理的であるというふうに判断したものでございます。」

2　政府説明は、嘘とでたらめのかたまり

政府説明の四点について、順を追って、いずれも根拠がないことを論証する。

① くい工事でごみが出てきたとの点について

くい工事で、穴の中は見えないし、深い所の土は出てこない。くい工事の過程で深い所のごみが発見されたというのはあり得ない。

政府はくい工事について嘘の説明をしていた。

国交省が平成二十九年三月十六日の参議院予算委員会調査に於いて議員に配布したくい打ち工事の説明図は次のものであり（左頁図）、くい打ち部分の九・九メートルの深さの土を全部排出して空洞にした後にセメントを注入してくいを造成するものとされている。

しかし、この政府の説明は正しくない。

実際に行われた工事は以下のとおりであり、図示されているような土を全部排出して中を空洞化するものではない。

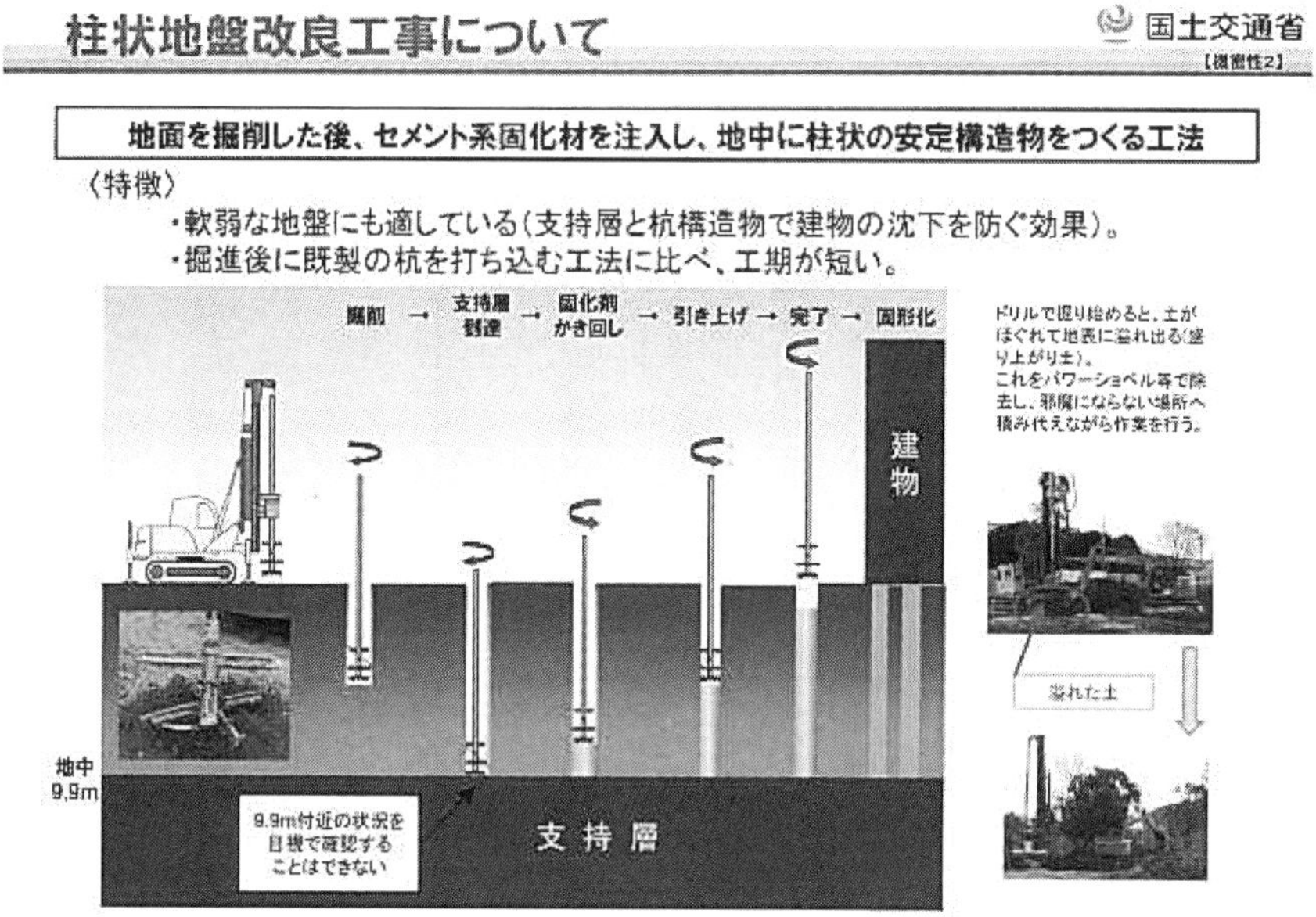

くい打ち工事説明図

四月六日参議院国土交通委員会
石井国交大臣答弁

「今回はちょっと特殊な工法でございまして、何といいますか、プロペラの羽根の付いたようなドリルを地中に貫入《かんにゅう》していって、回転させながら貫入していくという工法でございます。ですから、その貫入の途中で、羽根を回転させながら貫入することによって地山の土を柔らかくし、そしてそこにセメントモルタルを入れて、地山の土とセメントのモルタルを一体化してくいを形成すると、こういう工法でございます。

したがって、回転しながら貫入をし、またその棒を引き抜く段階において地中にあったごみが排出をされたということはございますが、全部排出するわけではございません。まあ、柔らかくしますからある程度出てくる、ごみもある程度出てきますけれども、全部ごみが取れるわけでもないということでございます。」

つまり、このくい打ち工事は国交省の当初説明とは異なり、九・九メートルまで掘り下げて土を全部排出する工事ではない。

このくい工事は、くい打ちではなく正しくは柱状の改良体を構築する地盤改良工事である。その柱状の改良体を、ここでは「くい」と呼ばせて貰う。

このくい工事では、くい造成部分の土はセメントと一体化して固まるように柔らかくするだけで排出はしない。九・九メートルの深さまで掘進して土を柔らかくほぐした後、掘削機の先端からセメントミルクを注入し、そして攪拌しながら上に上がってくるという工法である。

その場合、土を柔らかくほぐすことにより容量が膨らみ溢れ出てくる土がある。さらに、セメントミルクを注入してその分の容積が膨らむから、溢れ出てくる土がある。その場合に大事なことは、溢れ出てくる土は地表に近い部分の土が溢れ出てくることである。

土を詰めた竹筒の下から圧力を加えても、飛び出してくる土は先端の土だということである。

国の説明は、九・九メートルのくい工事で掘って出てきた土にごみが混入していたのを確認したというものであるが、土を掘り出して穴を開けたわけではないから穴の中の様子は確認できない。溢れ出てきた土は地表近くの土であるから、仮にその土にごみが混入していたとしても地中深いところのごみの存在を認める根拠にはならない。

専門的な数式になるので計算式は省略するが、高強度の地盤改良工事の場合、対象土量の三〇パーセント程度が盛り上がり溢れ出る土の量である。

本件では、九・九メートルの深さなので、表面からほぼ三メートルまでの深さの土の量に相当する土が地表から溢れ出る計算になる。決して深い地点の土が溢れ出るものではない。

その程度の深さの地中にあるごみは、国による埋設物調査で判明しているごみであるから、新たに発見されたごみではない。

大阪航空局、近畿財務局担当者は、三月十四日に現地を調査してくい打ちの過程でごみが出たことを確認したと説明するが、これはおかしい。

その時点では既にくい工事は完了しているから、担当者は工事の過程でごみが出ている状況は見ていない。ただ、積み上げられている土の山や国有地内のいたるところの地表にごみが散在している状況を見ただけである。

国交省航空局長も、実際にくい工事の過程でごみが出ている状況を現認したとは述べていない。九・九メートルの深いところから出た大量のごみを含む土が国有地内に広汎に積み上げられていたと説明するだけである。

政府説明は写真と合わない

大量のごみを含む土という説明及び土が広範に積み上げられていたという説明は、以下に掲示した、財務省提出の三月十四日撮影の国有地の写真一一（四八〜四九頁の写真）

枚及び国交省提出の同日撮影の三枚（五〇頁）の合計一四枚の写真から、明らかに否定される。

当該写真の中には、国有地の端に土が積み上げられている状況を写しているものがあるが、その土がくい工事で出た土と確認できるものはない。他の写真を含めた状況から判断すると敷地を削って整地した際に出た土のように見られるので、くい工事で出た土が広汎に積み上げられているとは確認できない。

提出された不鮮明な写真のコピーを見ても、積まれている土の山も少ないし、積まれた土に多量のごみ、即ち航空局が算定した四七・一％の混入率のような高密度のごみは明らかに含まれていない。

尚、一四枚の当該写真と第一章冒頭に掲載した工事前写真と比較して国有地の地表を削ったことは明らかであるし、土が周辺部に積まれている状況は、地表を削ったことで土を寄せたと見る方が自然である。

写真に基づく政府の説明は支離滅裂である。

①

②

③

④

⑤

⑥

⑦

⑧

⑨

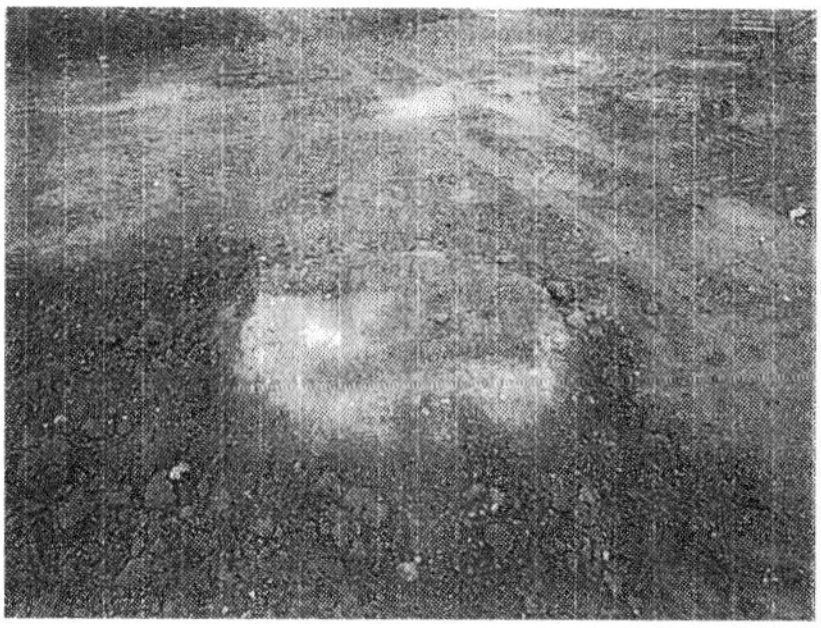

⑩

⑪

以上 11 枚が財務省提出の写真

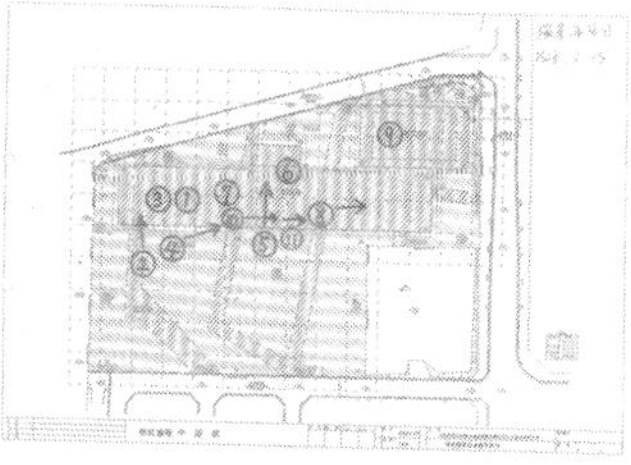

⑥

11 枚の写真の撮影位置図

以上3枚が国交省提出の写真3枚

写真のどれを見て判断できるのかとの指摘に対し、航空局長は②番と⑥番の写真だと述べる。

**四月六日参議院国土交通委員会
航空局長答弁**

「この写真で申し上げますと、②番の右奥の辺りでありますとか⑥番、これはその廃材等を含むごみそのものでございますけれども、そういったところに、そのような写真で確認をしているということでございます。」

②番の写真について言うなら、土

が広汎に積み上げられているとは言えないし、土に四七・一%ものごみが混入している状態ではない。

そもそも、くい造成工事を行ったはずなのに、地表にはくいが全くないことが不自然である。

⑥番の写真は、地表にごみが散乱している状態を示しているだけで、土が積み上げられているものではない。

②、⑥番を含め全部の写真をみると、くいがあるのは⑩番、⑪番のほぼ同位置を写した二枚の写真のみであり、その他にはくい自体が無い。

第二章七（ごみの撤去処理費用積算の不当性）の５（政府の算定は非合理だらけである）の(1)項（二三頁〜）に詳述するが、地表に頭が出るはずのくいが写真に写っていないと言うことは、くい工事そのものが実際には極く一部しか実施されていないとしか考えようがない。即ちくい工事から排出された土は僅かであって、積まれている土はくい工事により排出されたものではないと考えられるのである。

その上、業者から提出されたという一四枚のくい打ち状況の写真（五二、五三頁）を見

国交省提出のくい工事の説明書　写真 14 枚付き

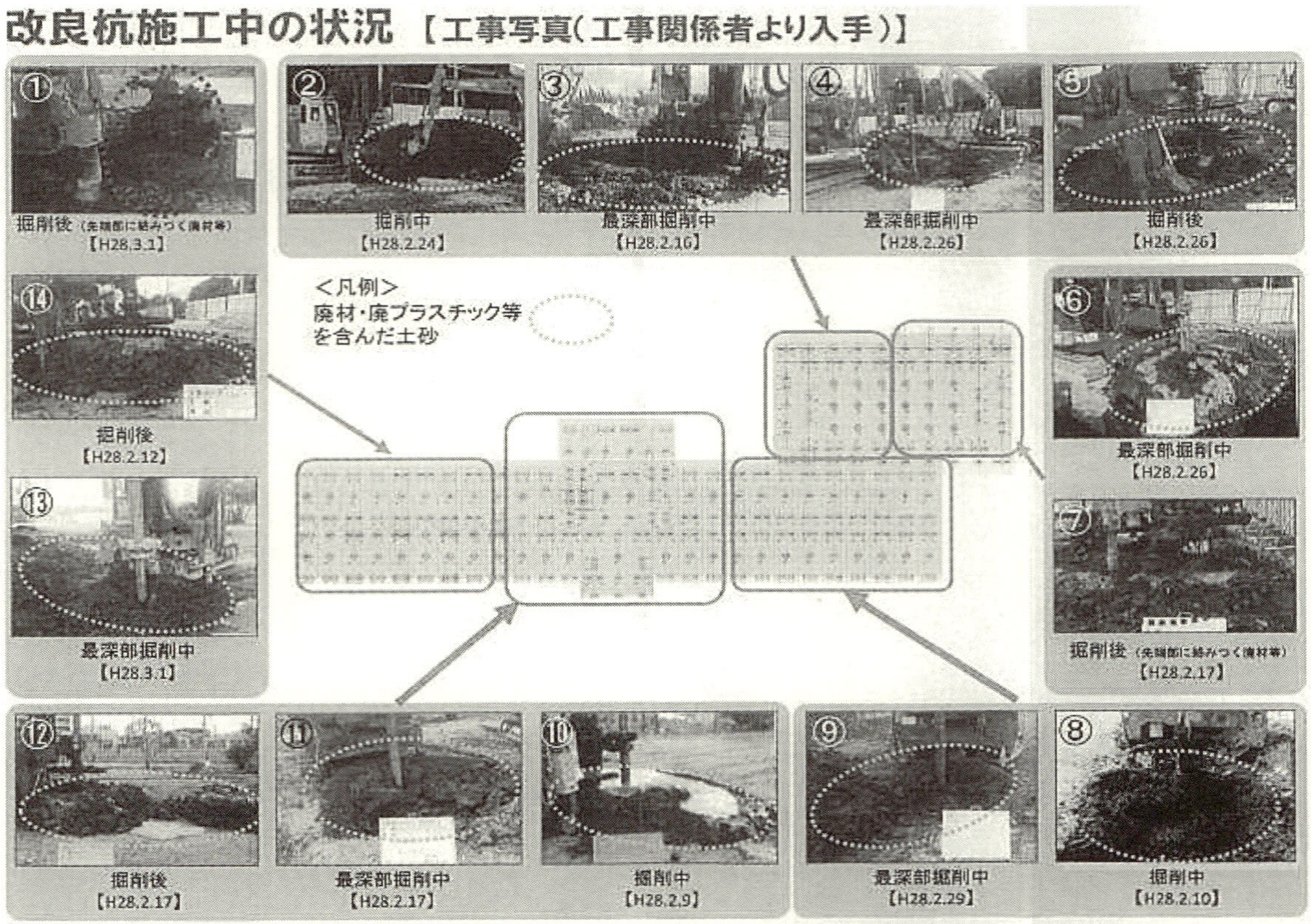

①

⑤

⑦

⑫

⑭

掘削機先端部分の写真５枚を抜粋

ても、くい工事によりごみが多量に混ざった土が溢れ出たという状況は確認されない。

以上述べたとおり、くい打ち工事により排出された大量のごみを含む大量の土の山があるのを確認したという説明は上記写真を対照すれば明らかに否定される。

そして前述したとおり、くい工事によって溢れ出てくる土は地表から三メートルの深さまでにある土であるから、それは浅い部分の土である。

結論として述べると、写真にあるごみは、国による埋設物調査により存在が確認されあるいは存在が推定されている廃材、生活ごみであり、平成二十七年五月二十九日に森友学園と近畿財務局との間で締結された国有地に関する有償貸付合意書及び売買予約契約書のいずれにおいても存在が了承されている地下埋設物であって、地中深くから発見された新たなごみではない。

したがって、九・九メートルのくい造成工事によって地中深いところからのごみが出たという事実は認められない。

そうすると「業者からくい打ち工事の過程で地中深くのごみが出たと説明を受けた。」という国交省の説明もおかしいことになる。業者は、工事の専門業者であって、くい造成工事の詳細を知悉しているのであるから、くい打ち工事の過程で地中深くのごみが出たという事実が無いことを承知していた筈である。

地中深くからごみが出たという業者の申出は根拠を持たないが、業者がそのように申し出たという国交省の説明は、国交省自体が作り話を述べているのか、或いは根拠に欠けた業者の話を国交省が迂闊にも真に受けたか、それとも業者の作り話と知りながらその話に乗ったということなのか。

業者の申出の不自然さを指摘したい。政府の説明では、三月十一日に、業者からくい工事の過程においてごみが出たとの申出を受けたという。ところが、くい工事は、二月六日から開始され、三月一日には完了している。

四月六日参議院国土交通委員会　航空局長答弁

「先ほど、実際に九・九メートルのくい掘削工事中の写真について申し上げましたですけれども、これは先ほども申し上げましたように設計業者から入手したわけでありますが、その設計業者によれば、これらの写真は二月の九日から三月の一日にかけましてくい掘削工事の施工業者により撮影がなされたものであると聞いて御座います。」

くい工事の過程でごみが出たというなら、何故、業者は、その時点でごみが出たことを国に伝えないまま工事を続行し、工事完了後一カ月前後も経過してから申出をしたのか。

或いは、くい工事の過程で多量のごみが確認されたというのに、何故、業者は工事を続行して、ごみが多量に含まれた土をそのまま攪拌してコンクリートミルクと混ぜ合わせて柱状のくいを造成してしまったのか。

近畿財務局と業者の謀議の存在が明らかに

平成二十九年九月十一日、関西テレビの報道ランナーにおいて、衝撃的な録音が公表された。国と業者サイドで、新たなごみがあるように話を合わせたと思われる会話だ。

驚きの話だが、事実経過はそうした謀議と符合しているのである。

国「三メートルまで掘っていますと。土壌改良をやって、その下からごみが出てきたと理解している。その下にあるごみは国が知らなかった事実なので、そこはきっちりやる必要があるでしょというストーリーはイメージしているんです。」

業者「三メートルより下からは語弊があります。三メートルより下から出てきたかどうかは分からないですと伝えている。そういうふうに認識を統一した方がいいなら我々合わせるが、下から出てきたかどうかは、私の方から、あるいは工事した側から確定した情報として伝えていない。」

国「資料を調整する中で、どういう整理をするのがいいのかご協議させて頂けるなら、そういう方向でお話し合いさせてもらえたらありがたい。」

業者「三メートルより上からの方がたくさん出てきている。三メートルの下からっていうのはそんなにたくさん出てきていない。」

国「言い方としては、混在と、九メートルまでの範囲で。」

業者「九メートルというのは分からないです。」

② 掘削機の先端に廃材等が絡まっているのを写真で確認したという点について

掘削機の先端に廃材等のごみなどは写っていない。

国交省は、担当官が業者から提出された写真により、くい掘削機の先端に廃材や廃プラスチックが絡まっていることを確認したと説明し、三月十六日に、参議院予算委員会委員に、くい掘削工事の模様を撮影した一四枚の写真（五二頁）を提出した。その内、先端部分が写っているのは、①、⑤、⑦、⑫、⑭の写真である。

⑤番の写真から、くい掘削機の先端部分の構造が把握できる。

上部に攪拌用の回転羽が二枚、十字にクロスして取り付けられている。その下部にあたる中央部に、土の供回りを防止する固定翼が取り付けられている。その下の最下部に掘削歯が付いた回転翼がある。

⑫、⑭の写真には、くい工事であふれ出た土やセメントミルクが写っているが、ごみの混入は無い。その他一四枚の写真のどれを見ても、四七・一％もの混入率のごみはおろか、目立つようなごみは一切出ていない。

⑤、⑫、⑭番の写真には先端部に付着物はない。

掘削機の先端に付着物があるのは①、⑦番の写真であるが、植物の根か蔓のようなものが一部にぶら下がっているほかには粘着性の土がこびりついているだけである。

到底、廃材や廃プラスチックなどが絡み付いて付着しているとは言えないが、国交省は、次のように言い張っている。

三月十四日参議院予算委員会　航空局長答弁

「くい掘削時の工事写真において、掘削を終えた掘削機の先端部に絡み付くほどの廃材、廃プラスチック等のごみが発生していることや、全長一〇メートルのドリルで掘進している最中に廃材等のごみを含む土が発生している様子などが確認されております。」

国交省は業者から渡された一四枚の写真を見て、先端部に絡み付くほどの廃材、廃プラスチック等のごみが発生していることを確認したと強弁するのだが、写真はこれを否定している。

政府は、平然と客観事実に反する説明を押し通しているのである。

③　試掘により三・八メートルの深さにごみが確認されたとの点について

政府説明とは反対に、試掘結果から新たなごみが無かったことが判明する。

(1)　でたらめな試掘。位置も深さも不明確。

そもそも、三・八メートルの深さでごみが確認されたという事実は、政府がそのように述べるだけで、これを裏付ける客観的な根拠は何もない。

以下、順に述べる。

財務省は、平成二十八年三月三十日に近畿財務局職員が国有地に赴き、試掘現場を確認し業者の説明を受けたと説明している。

そして、職員が当日に撮影した写真として一七枚の写真と当該写真の撮影位置及び試

①

②

③

④

⑤

⑥

⑦

⑧

⑨

⑩

⑪

⑫

⑬

⑭

⑮

⑯

⑰

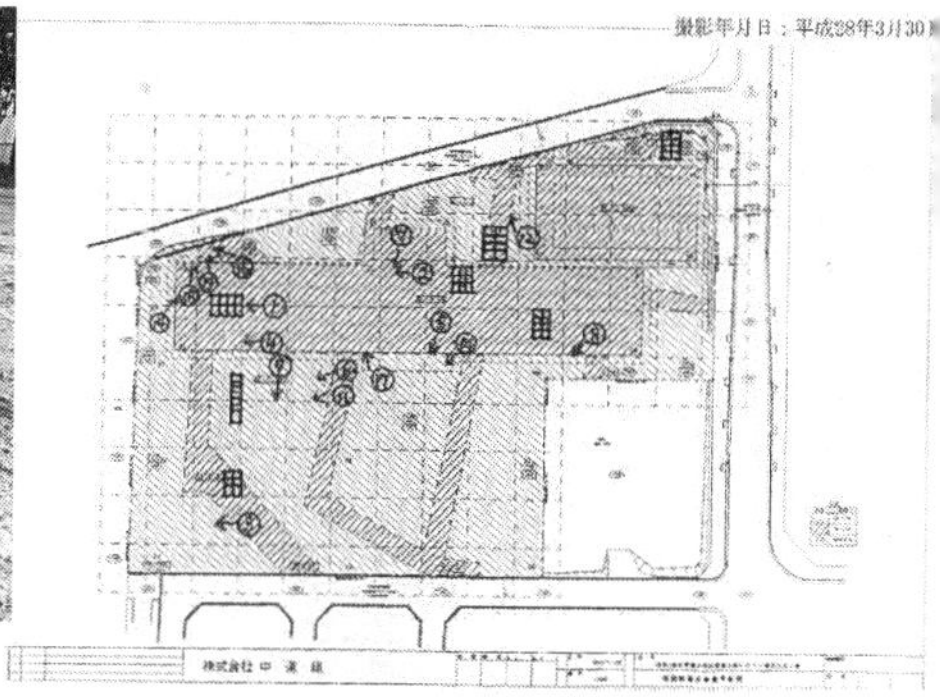

財務省提出の写真 17 枚と試掘位置、撮影位置説明図（拡大図は 69 頁に掲載）

掘場所を示す図面（六一頁〜六三頁）を民進党の説明会で提出した。

四月十日参議院決算委員会　財務省理財局長答弁

「本件は、三月の三十日に現場で工事関係者が試掘を行った後に、近畿財務局として、その一帯を財務局の人間として写真を撮って、それでこういうふうに残っており、それをこういうところから撮ったんではないかということで地図にお示しして御提出しているところで御座います。」

この写真と図面が全くのでたらめである。

先ず、図面では試掘箇所は七カ所とされている。しかし、試掘位置の不自然さを指摘されるうちに、試掘箇所は八カ所であったと訂正され、図面に記載の試掘位置は不正確であり現時点では正確な試掘場所の位置を示すことができないと説明が変転した。

四月六日参議院国土交通委員会　国交省航空局長答弁

「全八か所で、七か所というのは多分財務省さんが提出された資料の中にそのように書いてあったと思いますけれども、私どもが工事関係者から聞いてございますのは全八か所ということでございます。」

四月二十日参議院国土交通委員会　財務省理財局長答弁

「今現在、試掘の場所とか箇所数とかというものについて確認するすべもございませんけれども、そういう意味では、精緻に記せていない可能性があるということにつきましてはなんとかご理解を賜りたい。」

同委員会　国交省航空局長

「国交省の担当者、これは私の部下でありますけれども、具体的にいつからこの試掘場所の違いに気が付いていたのかということを確認いたしましたところ、いつからかというということは記憶をしていないということでございました。」

五月九日参議院予算委員会　財務省理財局長答弁

「試掘の箇所数とかそういうものについて精緻にその本人が記していない可能性があります。」

要するに財務省は、でたらめの資料を出してでたらめの説明をしていたのである。

資料のでたらめさを具体的に指摘しよう。

③番と⑯番の写真は、同じごみを写した写真である。ところが、撮影位置図では、③番は北側下を、⑯番は南側上の地点という全く別の地点を写したと図示されていて、まったくのでたらめなのである。

⑩番の写真の奥に二棟のプレハブが写っている。それは、図面の左即ち西側に建てられているプレハブである。そうすると、⑩番の写真は、西側中央のプレハブのほぼ真東のやや離れた位置から真西に当たる当該プレハブ方向に向けて撮影された写真であることが分かるので、中央から北西角方向を撮影したと図示している図面はでたらめである。更に図面を見てみよう。図面では国有地の西側にある当該プレハブの東側手前に三カ所の試掘箇所があると図示されている。しかし、⑩番の写真を見る限りそのような試掘の痕跡は無い。

また、⑩番の写真は、試掘により掘り出された残土のごみ山を示しているのだが、ごみ山の近くに試掘した穴が無いことは不自然である。

④番と⑰番の写真を見てみよう。図面では④番は真西、⑰番は北方向と全く別方向を撮影したものと図示されているが、二枚共に国有地の西側にあるプレハブ棟が写真の奥に写っている。写っているプレハブの角度から二枚共に南西方向に向けて撮影された写真であり、⑰番の写真の左側部分が、④番の写真と一致しているので、同じごみ山を遠近で撮影しているものであることが分かる。

そうすると⑰番の写真について土地の中央辺りから北方向に撮影したという説明は全くのでたらめである。

⑬番、⑭番、⑮番の写真を見てみよう。⑬番に写っている山の左側を拡大したものが⑭番である。⑬番の山の右側を拡大したものが⑮番である。ところが、位置図では、⑭番、⑮番共に⑬番の左側を離れて写したとされているので、この説明はでたらめである。

更に、別の角度から試掘位置のでたらめさを指摘する。国交省は、試掘箇所の全八カ所で廃材等が確認され、その内の五カ所は、国有地の約六〇パーセントに当たる除去費見積もり対象区域内にあると説明する。

四月六日参議院国土交通委員会　国交省航空局長答弁

「全八か所について廃材等が確認されておりまして、今回見積もりの対象としておりますのは本件土地の全体のうち約六割でございますけれども、この見積もりの対象としているところにつきましても、五か所におきまして廃材等が確認されているということでございます。」

国交省が提出した見積もり対照区域図は六九頁の上の図である。

この見積もり対象区域図は赤枠内（太枠内）が見積り範囲を示しているのであるが、本章三項（新たなごみなど存在しない。）2の③項（六三頁）にも掲示した財務省提出の試掘位置、撮影位置図（六九頁下図）を重ねてみてみると、試掘場所（図面に梯子状に記載がある。）の全てが見積もり対象区域内にある。八カ所の内五カ所だけが区域内にあるという国交省の説明と図面は一致しない。

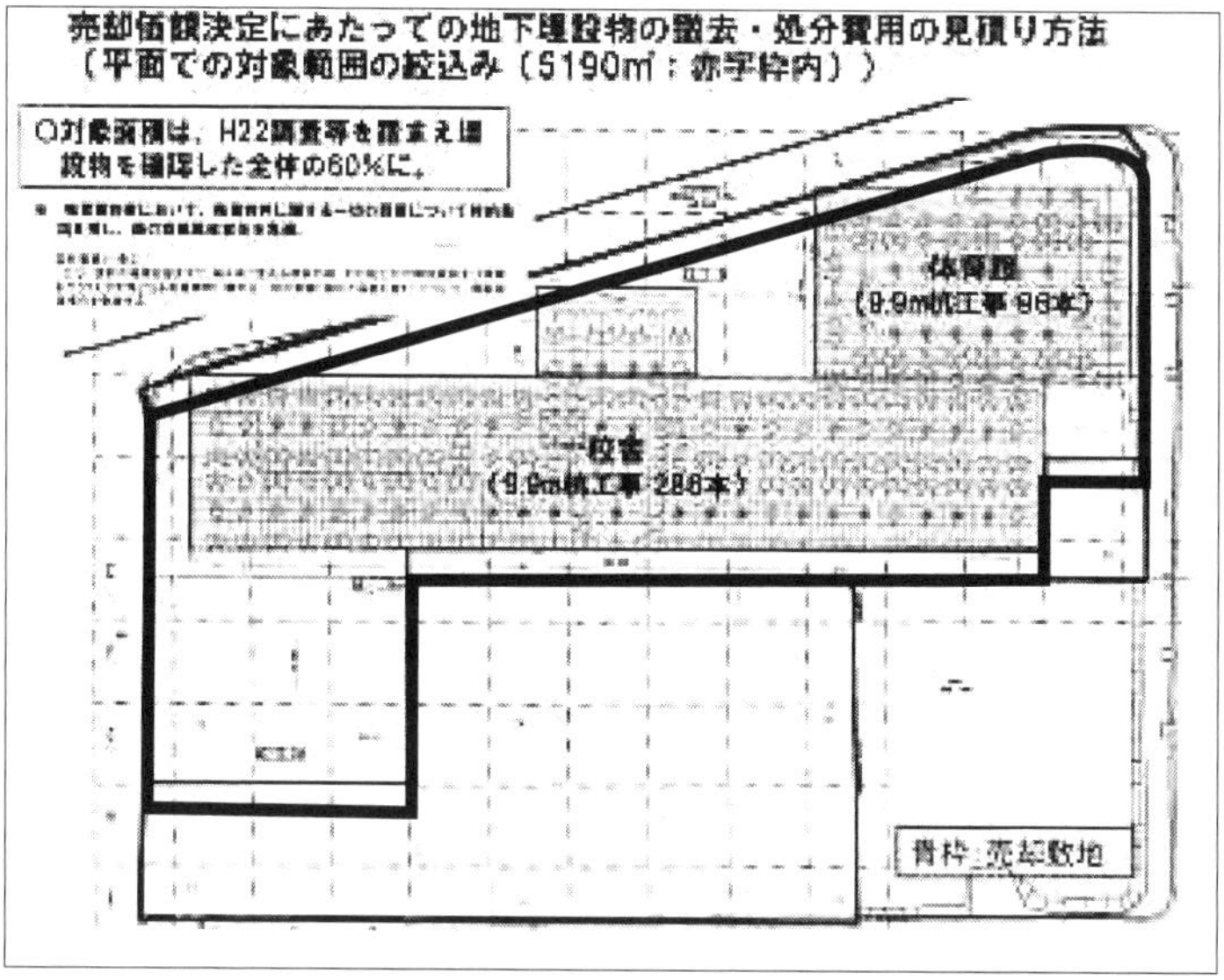

くい設計図

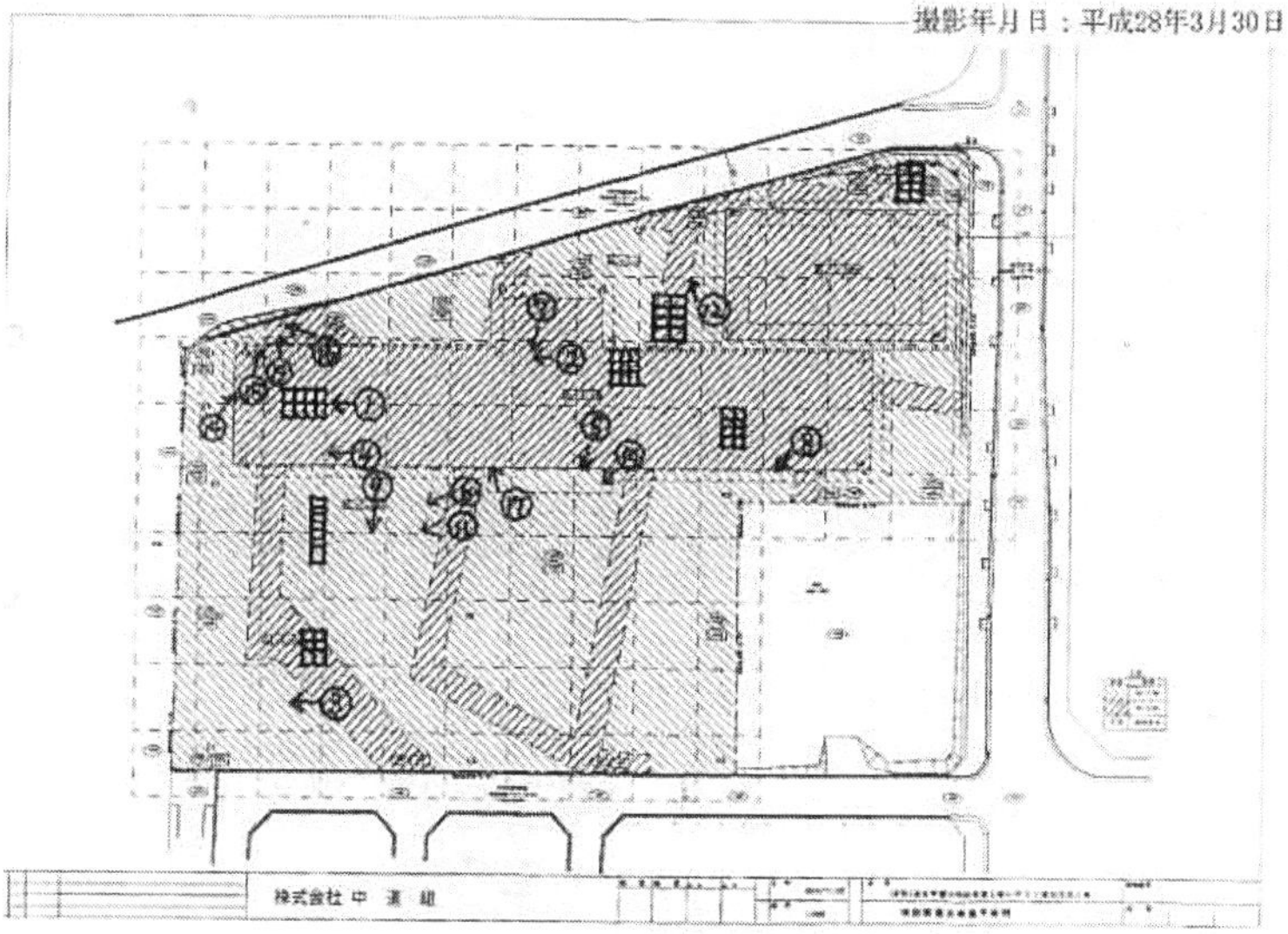

写真撮影位置図

ここでも、財務省提出の試掘位置のでたらめさが明らかになった。

政府は、試掘により廃材が確認された深さが三・八メートルと言うが、更に確認すると、三・八メートルまでというのは一カ所だけで、その他の試掘箇所は一・二メートルから二・七メートルの間の深さでしかない。

四月六日参議院国土交通委員会　国交省航空局長答弁

「三・八メートルまで廃材が確認されたのは、この八か所のうちの一か所だと聞いています。それ以外のところでありますと、深いところで二・七メートル、浅いところでは一・二メートルとなってございます。」

前述のとおり、政府は、国による埋設物調査により実際には三メートルを超えた深さにもごみがある事が確認されているにもかかわらず、三メートルまでしか確認されていないようにすり替えて、三メートルを超える深さのごみは未確認の新たなごみであると説明しているのである。

仮に三・八メートルの深さのごみが確認されたとしても、それは、国による埋設物調査により既に存在が確認されている三メートルを数十センチ越える深さにあるごみと同質のごみであると考えられるので、新たに発見されたごみとは言えない。

しかも、試掘では三・八メートルの一カ所を除いた七カ所は全て三メートルに満たない二・七メートル以下の深さからごみが確認されただけであるから、三メートルより深い地点のごみが新たに発見されたごみという政府の説明によっても、これら七カ所は新たなごみの発見にはあたらない。

結局、試掘により新たなごみが確認できたとは言えない。反対に、三メートル程度を越える新たなごみがないことが確認されたというのが正確な評価である。

政府は試掘により三・八メートルの深さからごみを確認したと説明するが、提出された一七枚の写真からは試掘が三・八メートルの深さに及んだこと、そしてその深さからごみが出たことは全く確認できない。

この指摘に対し、政府は、工事関係者から試掘場所を図示した図面及び三・八メートルの深さで試掘を行いその深さまで廃材等が存在していることを示す工事写真の提供を受けて確認したと説明した。

四月六日参議院国土交通委員会　国交省航空局長答弁

「工事関係者による試掘におきまして、三・八メートルの深さまで廃材等が存在していることが確認され、このことをメジャーで三・八メートルを指し示している工事写真や、近畿財務局、大阪航空局職員の現地視察により確認したこと」

「この工事関係者から提供を受けた写真では、試掘抗におきましてごみの層の深さをメジャーで計測をし、三・八メートルを指し示している様子が確認できるということでございます。」

四月二十日参議院国土交通委員会　国交省航空局長答弁

「まず事実関係を申し上げますと、平成二十八年四月五日に大阪航空局の職員が近畿財務局と一緒に実際にその現場を確認いたしまして、その際に、同席をしておりました森友学園関係者、これは設計事業者でございますけれども、この事業者から説明を受けたということでございます。後日、その設計事業者から試掘場所を図示した図面の提供を受けたというのがまず事実関係でございます。」

そうした客観資料があるなら提出して説明すべきだが、政府はこれを提出しない。

四月六日参議院国土交通委員会　国交省航空局長答弁

「この写真、工事事業者から提供を受けてございますので、その提出に当たりましては当該事業者の了解を得る必要があると考えてございますけれども、はい、ということでございます。」

四月二十日参議院国土交通委員会　国交省航空局長答弁

「これは工事関係者の持ち物でございますので、提出するためには工事関係者の了解が必要だということでございます。」

五月十九日衆議院国土交通委員会　石井国交大臣答弁

「私は見ておりますけれども、この写真については、写真を提供している民間の事業者が慎重な態度を崩していないため、残念ながら、いまだ出せる状況にないということでございます。」

民進党議員団を中心に、写真の提出を求め続けたが政府は提出しない。

そうしたところ、平成二十九年八月二十二日の朝日新聞朝刊に、その写真であるとする写真が掲載された。

この写真では穴の底部が見えずメジャーが穴の底部に届いているか不明であるので深さは確認出来ないし、ごみの状況も確認出来ない。この写真によれば、政府の説明はでたらめに尽きるものといえる。

その後も国交省は当該写真を提出しないので、民進党のヒアリングにおいて、重ねて強く要求した。そのやりとりを要約すると次のとおりである。

議員　「出せない理由は何か。」

国交省　「業者の同意が得られていない。」

議員　「業者が、同意しない理由は何か。」

国交省　「現時点で同意が得られていない状況である。」

議員　「業者提出のくい打ち工事の写真は既に提出されている。どうして、こちらの写真だけ駄目なのか。」

国交省　「よく検討します。」

九月に入り、ようやく国交省は、業者から提出を受けていた資料として、二一枚の写真付きの試掘調査資料（七七頁以降）を提出した（尚、試掘位置図は二七頁下段に掲示した）。

「国民を馬鹿にするな」と言いたい。

「工事関係者から提供を受けた写真では、試掘抗におきましてごみの層の深さをメジャーで計測をし、三・八メートルを指し示している様子が確認できるということでございます。」という国会答弁はでたらめであった。

朝日新聞平成29年8月22日朝刊より

①

No　1

瑞穂の國記念小學院新築工事

産業廃器物混合土

試掘確認

A工区　No.1

深さ：G.L−4000

ゴミの層：G.L−1000～3800の間

※現状地盤G.Lより測定

②

No　2

瑞穂の國記念小學院新築工事

産業廃器物混合土

試掘確認

A工区　No.1

深さ：G.L−4000

ゴミの層：G.L−1000～3800の間

※現状地盤G.Lより測定

③

No　3

瑞穂の國記念小學院新築工事

産業廃器物混合土

試掘確認

A工区　No.1

深さ：G.L−4000

ゴミの層：G.L−1000～3800の間

※現状地盤G.Lより測定

写真①～③　試掘 No. 1　深さ4ｍ　ごみの深さ 3.8ｍまで

④

No 4

瑞穂の國記念小學院新築工事

産業廃器物混合土

試掘確認

A工区 No.2

深さ: G.L−3000

ゴミの層: G.L−600～1800の間

※現状地盤G.Lより測定

⑤

No 5

瑞穂の國記念小學院新築工事

産業廃器物混合土

試掘確認

A工区 No.2

深さ: G.L−3000

ゴミの層: G.L−600～1800の間

※現状地盤G.Lより測定

⑥

No 6

瑞穂の國記念小學院新築工事

産業廃器物混合土

試掘確認

A工区 No.2

深さ: G.L−3000

ゴミの層: G.L−600～1800の間

※現状地盤G.Lより測定

写真④～⑥　試掘No.2　深さ3m　ごみの深さ1.8mまで

⑦ 

No 7

瑞穂の國記念小學院新築工事

産業廃器物混合土

試掘確認

A工区 No.3

深さ：G.L−3000

ゴミの層：G.L−800〜2700の間

※現状地盤G.Lより測定

⑧ 

No 8

瑞穂の國記念小學院新築工事

産業廃器物混合土

試掘確認

A工区 No.3

深さ：G.L−3000

ゴミの層：G.L−800〜2700の間

※現状地盤G.Lより測定

⑨ 

No 9

瑞穂の國記念小學院新築工事

産業廃器物混合土

試掘確認

A工区 No.3

深さ：G.L−3000

ゴミの層：G.L−800〜2700の間

※現状地盤G.Lより測定

写真⑦〜⑨　試掘№3　深さ3m　ごみの深さ2.7mまで

⑩

No　10

瑞穂の國記念小學院新築工事

産業廃器物混合土

試掘確認

B工区　No.4

深さ：G.L−3000

ゴミの層：G.L−0〜1200の間

※現状地盤G.Lより測定

⑪

No　11

瑞穂の國記念小學院新築工事

産業廃器物混合土

試掘確認

B工区　No.4

深さ：G.L−3000

ゴミの層：G.L−0〜1200の間

※現状地盤G.Lより測定

⑫

No　12

瑞穂の國記念小學院新築工事

産業廃器物混合土

試掘確認

B工区　No.4

深さ：G.L−3000

ゴミの層：G.L−0〜1200の間

※現状地盤G.Lより測定

写真⑩〜⑫　試掘No.4　深さ3ｍ　ごみの深さ1.2ｍまで

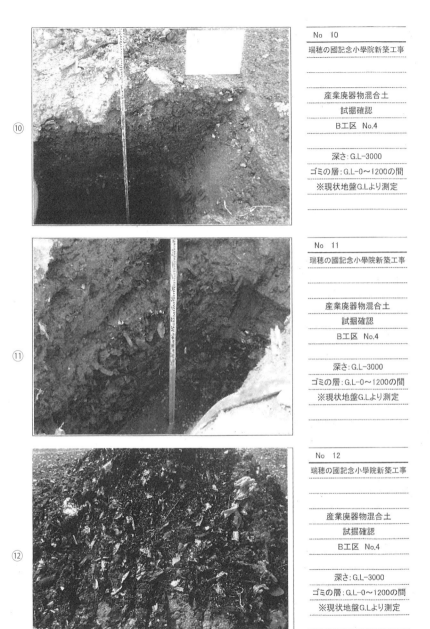

⑬

No 13

瑞穂の國記念小學院新築工事

産業廃器物混合土

試掘確認

B工区 No.5

深さ:G.L−3000

ゴミの層:G.L−0〜1800の間

※現状地盤G.Lより測定

⑭

No 14

瑞穂の國記念小學院新築工事

産業廃器物混合土

試掘確認

B工区 No.5

深さ:G.L−3000

ゴミの層:G.L−0〜1800の間

※現状地盤G.Lより測定

⑮

No 15

瑞穂の國記念小學院新築工事

産業廃器物混合土

試掘確認

B工区 No.5

深さ:G.L−3000

ゴミの層:G.L−0〜1800の間

※現状地盤G.Lより測定

写真⑬〜⑮　試掘No.5　深さ3m　ごみの深さ1.8mまで

⑯

No　16

瑞穂の國記念小學院新築工事

産業廃器物混合土

試掘確認

B工区　No.6

深さ：G.L−1600

ゴミの層：G.L−300〜1000の間

※現状地盤G.Lより測定

⑰

No　17

瑞穂の國記念小學院新築工事

産業廃器物混合土

試掘確認

B工区　No.6

深さ：G.L−1600

ゴミの層：G.L−300〜1000の間

※現状地盤G.Lより測定

⑱

No　18

瑞穂の國記念小學院新築工事

産業廃器物混合土

試掘確認

B工区　No.7

深さ：G.L−1600

ゴミの層：G.L−700〜1000の間

※現状地盤G.Lより測定

写真⑯、⑰　試掘No.6　深さ 1.6 m　ごみの深さ 1.0 mまで
写真⑱、⑲　試掘No.7　深さ 1.6 m　ごみの深さ 1.0 mまで

⑲

No　19

瑞穂の國記念小學院新築工事

産業廃器物混合土

試掘確認

B工区　No.7

深さ：G.L−1600

ゴミの層：G.L−700～1000の間

※現状地盤G.Lより測定

⑳

No　20

瑞穂の國記念小學院新築工事

産業廃器物混合土

試掘確認

B工区　No.8

深さ：G.L−1600

ゴミの層：G.L−300～1000の間

※現状地盤G.Lより測定

㉑

No　21

瑞穂の國記念小學院新築工事

産業廃器物混合土

試掘確認

B工区　No.8

深さ：G.L−1600

ゴミの層：G.L−300～1000の間

※現状地盤G.Lより測定

写真⑳、㉑　試掘№８　深さ 1.6 m　ごみの深さ 1.0 mまで写真番号①〜③が試掘№1で、ここが三・八メートルの深さからごみが発見された箇所とされている。

番号③の写真では、表示板に№1の試掘の深さが三メートルと表示されている。

番号②の写真でも、メジャーは三メートルの深さを示している。（黄色から始まり、一メートル毎に黄色、白と変わる。筆者が○印をつけたところ）メジャーが三メートルを示していることについて国交省は、メジャーの上部一メートルが写っていないだけと説明するがどうだろうか。

番号①の写真は、地表部分のメジャーの表示は四メートルを示しているが、メジャーの先端が見えないので深さは確認できない。

決定的な事実は、穴の内部を見通せる②番の写真である。穴の深さが四メートルか三メートルかのいずれにしても、断面からわかるように、ごみは、穴の下部二メートルより上にあるだけで下部二メートル部分には存在していないことが明確である。

そうすると、仮に番号②の写真が国交省の説明どおり四メートルの深さで試掘した穴だとしても、ごみは、深さ二メートル部分より上にしか存在していない。

三・八メートルの深さで新たなごみが発見されたという話が虚偽であることが明確に

なった。

こうして都合の悪い写真だから、政府は提出を拒んでいたのだろう。提出を拒み続けることが困難になり提出したと思うが、結局写真からは三・八メートルの深さにゴミがあることが分かるどころか、反対に深い所のごみが無かったことが明確になるという体たらくである。

その他に、これら写真のでたらめさを指摘する。

番号⑦の写真は、№3の試掘箇所の写真である。№4の試掘箇所の番号⑪の写真を見てみよう。写っている右手前のホースがもたれている石や、ホース右側に写る突起状の物が同一と思われるので、この写真二枚は同じ試掘箇所の写真である。番号⑦の写真は、№4の試掘箇所の番号⑩の写真とも撮影の距離と角度が若干違うだけで同じ箇所の写真である。同じ試掘箇所の写真であるのに№3と№4の写真として使われている上、№3の試掘では深さ二・七メートルまでゴミがあるとされ、№4の試掘では一・二メートルまでしかごみがないとされている。

番号③の写真は、No.1の試掘によりでた土だとされる。しかし写真の奥に写っているゲートは、国有地の北側（名神高速道路側）の西端近くにあるゲートである。No.1の試掘箇所は、位置図によるとゲートに近い位置であるが、写真にある土山はゲートより中央よりにあり試掘箇所から離れている。実際写真の近くには、試掘の穴は見当たらない。試掘箇所から離れて土山があるのは不自然である。

番号⑥の写真は、No.2の試掘により出た土とされる。しかし写真の右奥に上記ゲートの西端の一部が写っている。従って、この写真にある土山の位置は国有地の西端である。ところが試掘置図によると、No.2の試掘箇所は、中央やや東側にある。試掘箇所から相当離れた位置に試掘から出た土の山があるのは不自然である。

(2)　試掘は、古くからのごみを確認しただけ

試掘結果が、国による埋設物調査により存在が明らかになっている範囲のごみ。即ち「古くからのごみ」を確認しただけで、そのごみとは別の「新たなごみ」が発見されたものではないことを論証する。

表6−4 照合・解析結果一覧

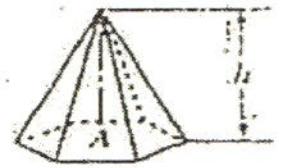

$V=\frac{1}{3}Ah$
A:底面積
h:高さ

A=L×W
h=H

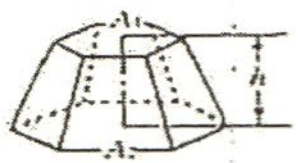

$V=\frac{1}{3}h(A1+A2+\sqrt{A1A2})$
A1,A2:平行な底の面積
h:高さ

h=H
A1=L×B
A2=l×b

掘削出来形

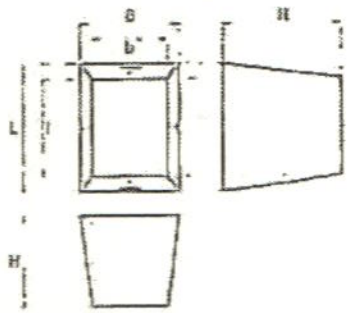

跡地番号	掘削番号 No	内容	掘削土量 ㎥	地下埋設物量 ㎥	換算重量 t	混入率 %	確認埋設物状況	長さ L(m)	幅 B(W)(m)	高さ H(m)	長さ l(m)	幅 b(m)	面積 A1(㎡)	面積 A2(㎡)	想定単重 (t/㎥)
OA301	43	掘削土量	11.4				0～1.0m：礫混じり砂（Coガラ多数） 1.0～3.0m：廃材・ゴミの層（木材、生活用品など）異臭あり 3.0m付近：粘土 底部に水なし	3.0	1.6	3.0	2.4	1.2	4.8	2.88	
		コンクリート		0.7	1.6	6.0%		2.0	1.7	0.6					2.3
		廃材・ゴミ		6.0	10.8	52.6%		4.0	3.0	1.5					1.8
	44	掘削土量	19.6				0～1.0m：礫混じり砂（Coガラ多数） 1.0～3.0m：廃材・ゴミの層（木材、生活用品など）異臭あり 3.0m付近：粘土 底部に水なし	3.0	2.7	3.0	2.2	2.3	8.1	5.06	
		コンクリート		1.5	3.5	7.8%		2.3	2.2	0.9					2.3
		廃材・ゴミ		4.2	7.6	21.7%		3.4	3.4	1.1					1.8
	45	掘削土量	15.9				0～1.0m：礫混じり砂（Coガラ多数） 1.0～3.2m：廃材・ゴミの層（木材、生活用品など）異臭あり 地山確認できず 底部に水なし	3.7	1.7	3.2	2.9	1.3	6.29	3.77	
		コンクリート		0.1	0.2	0.6%		1.0	0.9	0.3					2.3
		廃材・ゴミ		4.6	8.3	28.8%		5.0	2.5	1.1					1.8
	46	掘削土量	15.9				0～1.0m：礫混じり砂（Coガラ点在） 1.0～2.5m：廃材・ゴミの層（木材、生活用品など）異臭あり 2.5～3.1m：粘土 底部に水なし	3.4	1.9	3.1	2.6	1.5	6.46	3.9	
		コンクリート		0.1	0.1	0.3%		1.0	1.0	0.15					2.3
		廃材・ゴミ		8.6	15.6	54.4%		5.7	3.5	1.3					1.8
	47	掘削土量	19.0				0～1.0m：礫混じり砂（Coガラ点在） 1.0～3.0m：廃材・ゴミの層（木材、生活用品など）異臭あり 3.0m付近：粘土 底部に水なし	3.4	2.3	3.0	2.5	1.9	7.82	4.94	
		コンクリート		0.1	0.3	0.6%		1.0	0.8	0.45					2.3
		廃材・ゴミ		12.2	22.0	64.3%		6.4	4.4	1.3					1.8
	48	掘削土量	17.2				0～1.0m：礫混じり砂（Coガラ点在） 1.0～2.5m：廃材・ゴミの層（木材、生活用品など）異臭あり 2.5～3.0m：粘土 底部に水なし	3.4	2.1	3.0	2.6	1.7	7.14	4.42	
		コンクリート		0.02	0.05	0.1%		0.5	0.4	0.35					2.3
		廃材・ゴミ		6.2	11.2	36.3%		4.5	3.2	1.3					1.8
	49	掘削土量	14.0				0～1.0m：礫混じり砂（Coガラ多数） 1.0～3.0m：廃材・ゴミの層（木材、生活用品など）異臭あり 地山確認できず 底部に水なし	3.5	1.7	3.0	2.7	1.3	5.95	3.51	
		コンクリート		0.4	0.8	2.6%		1.2	1.5	0.6					2.3
		廃材・ゴミ		5.2	9.3	36.9%		4.5	2.3	1.5					1.8
	50	掘削土量	13.1				0～1.0m：礫混じり砂（廃材が少し点在） 1.0～3.0m：廃材・ゴミの層（木材、生活用品など）異臭あり 3.0m付近：粘土 底部に水なし	3.4	1.6	3.0	2.8	1.2	5.44	3.36	
		廃材・ゴミ		5.3	9.6	40.6%		3.5	3.5	1.3					1.8
	51	掘削土量	11.5				0～1.0m：礫混じり砂（Coガラ点在） 1.0～3.0m：廃材・ゴミの層（木材、生活用品など）異臭あり 3.0m付近：粘土 底部に水なし	2.8	2.1	3.0	1.5	1.4	5.68	2.1	
		コンクリート		0.1	0.3	1.2%		1.3	1.1	0.3					2.3
		廃材・ゴミ		4.8	8.6	41.5%		4.4	2.5	1.3					1.8
	52	掘削土量	11.6				0～1.0m：礫混じり砂（Coガラ点在） 1.0～2.8m：廃材・ゴミの層（木材、生活用品など）異臭あり 2.8m～：粘土 底部に水なし	3.3	1.8	3.0	1.5	1.4	5.94	2.1	
		コンクリート		0.3	0.6	2.3%		1.4	1.4	0.4					2.3
		廃材・ゴミ		5.6	10.0	48.1%		4.8	2.9	1.2					1.8
	53	掘削土量	11.4				0～1.0m：礫混じり砂（Coガラ点在） 1.0～3.2m：廃材・ゴミの層（木材、生活用品など）異臭あり 地山確認できず 底部に水なし	3.0	1.8	3.0	1.5	1.6	5.4	2.4	
		コンクリート		0.1	0.2	0.8%		0.9	0.8	0.4					2.3
		廃材・ゴミ		4.4	7.9	38.5%		4.6	2.6	1.1					1.8
	54	掘削土量	13.1				0～1.0m：礫混じり砂（Coガラ点在） 1.0～3.0m：廃材・ゴミの層（木材、生活用品など）異臭あり 3.0m付近：粘土 底部に水なし	3.3	2.0	3.1	1.6	1.4	6.6	2.24	
		コンクリート		0.04	0.1	0.3%		0.7	0.6	0.3					2.3
		廃材・ゴミ		4.2	7.5	31.8%		5.0	2.5	1.0					1.8
	55	掘削土量	13.1				0～1.0m：礫混じり砂（Coガラ点在） 1.0～3.3m：廃材・ゴミの層（木材、生活用品など）異臭あり 3.3m付近：粘土 底部に水なし	3.3	1.7	3.3	2.1	1.2	5.61	2.52	
		コンクリート		0.02	0.05	0.2%		0.6	0.5	0.2					2.3
		廃材・ゴミ		4.5	8.1	34.3%		4.7	2.6	1.1					1.8
	56	掘削土量	11.4				0～1.0m：礫混じり砂（Coガラ点在） 1.0～3.3m：廃材・ゴミの層（木材、生活用品など）異臭あり 3.3m付近：粘土 底部に水なし	3.1	1.8	3.0	1.6	1.4	5.58	2.24	
		コンクリート		0.05	0.1	0.4%		0.7	0.7	0.3					2.3
		廃材・ゴミ		5.2	9.4	45.8%		5.0	2.6	1.2					1.8

表6-5 照合・解析結果一覧

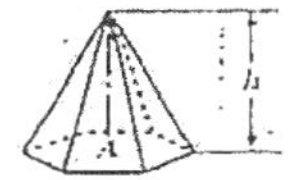

$V=\frac{1}{3}Ah$
A:底面積
h:高さ

A=L×W
h=H

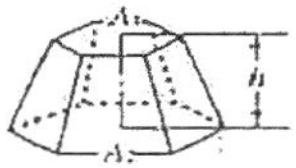

$V=\frac{1}{3}h(A1+A2+\sqrt{A1A2})$
A1,A2:平行な底の面積
h:高さ

h=H
A1=L×B
A2=l×b

掘削出来形

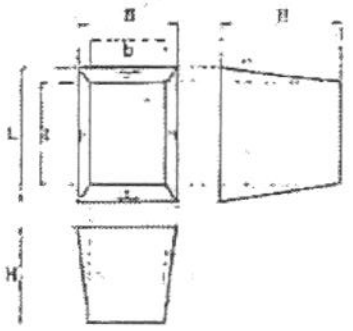

跡地番号	掘削番号 No	内容	掘削土量 m³	地下埋設物量 m³	換算重量 t	混入率 %	確認埋設物状況	長さ L(m)	幅 B(W)(m)	高さ H(m)	長さ l(m)	幅 b(m)	面積 A1(m²)	面積 A2(m²)	想定単重 (t/m³)
OA301	57	掘削土量	15.1				0~1.0m:礫混じり砂(Coガラ点在) 1.0~3.2m:廃材・ゴミの層(木材、生活用品など)異臭あり 3.2m付近:粘土 底部に水なし	3.0	2.0	3.2	2.2	1.6	6	3.52	
		コンクリート		0.1	0.2	0.5%		1.0	0.7	0.3					2.3
		廃材・ゴミ		4.2	7.6	27.9%		4.0	3.5	0.9					1.8
	58	掘削土量	14.1				0~1.0m:礫混じり砂(Coガラ点在) 1.0~3.0m:廃材・ゴミの層(木材、生活用品など)異臭あり 地山確認できず 底部に水なし	3.0	2.0	3.0	2.2	1.6	6	3.52	
		コンクリート		0.5	1.1	3.4%		1.9	1.9	0.4					2.3
		廃材・ゴミ		4.5	8.1	31.9%		3.0	4.5	1.0					1.8
	59	掘削土量	17.0				0~1.0m:礫混じり砂(Coガラ点在) 1.0~3.0m:廃材・ゴミの層(木材、生活用品など)異臭あり 3.0m付近:粘土 底部に水なし	3.0	2.3	3.1	2.2	1.9	6.9	4.18	
		コンクリート		0.1	0.2	0.5%		1.0	0.8	0.3					2.3
		廃材・ゴミ		8.7	15.6	51.0%		5.0	4.0	1.3					1.8
	60	掘削土量	6.5				0~1.2m:礫混じり砂(Coガラ点在) 深度1.2mで基礎コンクリートが全面に存在のため掘削中止 深度0.1mでヒューム管(φ0.3m)	3.5	2.0	1.2	2.5	1.6	7	4	
		基礎コンクリート		1.4	3.2	21.5%		3.5	2.0	0.20					2.3
		ヒューム管		0.1	0.3	2.2%		2.0					0.07		2.3
		コンクリート		0.4	1.0	6.6%		1.8	1.3	0.55					2.3
	61	掘削土量	7.1				0~1.45m:礫混じり砂(Coガラ多数) 深度1.0~1.45mで基礎コンクリートが全面に存在のため掘削中止	3.0	2.0	1.45	2.4	1.6	6	3.84	
		コンクリート		0.4	0.9	5.5%		2.0	1.3	0.45					2.3
		基礎コンクリート		1.2	2.8	17.0%		3.0	2.0	0.2					2.3
	62	掘削土量	4.8				0~0.9m:礫混じり砂(Coガラ点在) 深度0.9mで基礎コンクリートが全面に存在のため掘削中止	3.4	1.9	0.9	2.8	1.5	6.46	4.2	
		基礎コンクリート		1.29	2.97	27.1%		3.4	1.9	0.20					2.3
		廃材・コンクリート		0.5	1.2	10.7%		1.7	1.5	0.6					2.3
	63	掘削土量	13.1				0~1.5m:礫混じり砂(Coガラ多数) 深度0.6mで基礎コンクリートが一部に存在 1.5~3.0m:粘土~シルト	3.3	1.7	3.0	2.5	1.3	5.61	3.25	
		コンクリート		0.5	1.0	3.5%		1.7	1.6	0.5					2.3
		基礎コンクリート		1.8	4.3	14.1%		3.3	0.7	0.8					2.3
	64	掘削土量	16.3				0~1.5m:礫混じり砂(Coガラ点在) 1.5~3.0m:シルト~粘土 底部に水なし	3.3	2.0	3.1	2.5	1.6	6.6	4	
		コンクリート		0.02	0.05	0.1%		0.5	0.8	0.15					2.3
	65	掘削土量	13.0				0~1.5m:礫混じり砂(Coガラ点在) 1.5~3.0m:シルト~粘土 底部に水なし	3.0	1.8	3.1	2.2	1.4	5.4	3.08	
		コンクリート		0.1	0.3	1.0%		0.8	1.2	0.4					2.3
	66	掘削土量	15.5				0~1.0m:礫混じり砂(Coガラ点在) 1.0~3.3m:シルト~粘土 底部に水なし	3.0	2.0	3.3	2.2	1.6	6	3.52	
		コンクリート		0.1	0.2	0.5%		1.0	0.8	0.3					2.3
	67	掘削土量	13.1				0~1.5m:礫混じり砂(Coガラ点在) 1.5~3.0m:シルト~粘土 底部に水なし	3.2	1.7	3.0	2.6	1.3	5.44	3.38	
		コンクリート		0.03	0.1	0.2%		0.7	0.6	0.2					2.3
	68	掘削土量	23.8				0~1.5m:礫混じり砂(Coガラ点在) 1.5~3.0m:シルト~粘土 底部に水なし	3.8	2.5	3.1	3.0	2.0	9.5	6	
		コンクリート		0.41	0.9	1.7%		1.9	1.3	0.5					2.3

本章二（三メートル程度より深い地点のごみが値引きの最大理由）で述べたとおり、近畿財務局と森友学園の間で締結した定期賃貸借契約と売買予約契約では、森友学園は、国による埋設物調査により存在が確認されている古くからある埋設物について国に責任を求めることはできない。

国による同埋設物調査を説明すると、後記四項の3（国による埋設物調査）で説明するとおり、国有地の全域を三メートルの深度のレーダー探査を行い、異常がある地点の六八カ所を試掘したものである。

この試掘は、三メートの深さを目途として地山（自然なままの地層）が出るまで試掘を行い、三メートルより下までごみが連続している場合には、二〇〜三〇センチを掘り増ししている。

この試掘の結果、深さ三メートルを超えて三メートル数十センチメートルの深さの部分にごみが埋設されている地点は45、49、53、55，56の五カ所である（八六頁〜八七頁）。五カ所の内の三カ所は、三・〇〜三・二メートルまでごみの層があり、地山は確認できない（試掘番号45、49、53）と記載されている。

五カ所のうち残りの二カ所（試掘番号55、56）は、三・三メートルまでごみが連なって存在するが、掘り下げたあたりでごみの層は終わっている。

上記五地点の試掘の結果をまとめると、二地点では三・三メートルの地点までごみがあり、三地点では三・〇～三・二メートルまでごみがあることを確認しているがそれ以上深くは掘り下げていないので、どの深さまでごみがあるのかは不明だということである。

尚、国による埋設物調査によって存在が確認され上記契約で承認されているごみは、右のとおり深さ三メートル数十センチ程度までにあるごみであるが、政府は、三メートル丁度までのように説明しているので注意が必要である。

二月二十三日衆議院予算委員会　財務省理財局長答弁

「現場の専門的な工事関係者と議論してまさに三メートルより深いところからごみが出たということを確認した上で、どういう方向で処理をしようかと議論したということでございます。」

三月十三日参議院予算委員会　財務省理財局長答弁

「そもそもこの貸付契約書では、事前に分かっておりました三メートルまでの埋設物につきましては有益費で支払うということになってございます。それで、この場合は、三月に新たな埋設物が見つかっているわけでございまして」

三月三十一日衆議院国土交通委員会　石井国交大臣答弁

「その調査というのは、二メートル掛ける三メーターの面積で、大体三メーターぐらいまで掘っているんですね。その穴があるわけですけれども、その三メーター掘った時に出てこなかった試掘の場所のすぐ近くのくいから、やはりごみが出ているんですね。それは工事写真で確認している。それはやはり三メーターから下から出たものと考えざるを得ないということでございます。」

政府は、業者が行った試掘により深さ三・八メートルの地点からごみが確認されたので新たなごみが出たものと言っているが、前述の通り、それはでたらめの説明である。そもそも、三メートル数十センチメートルと僅かしか変わらない三・八メートルの深さで、しかもその上部と連続して存在するようなごみは新たに発見されたごみとは言えないだろう。政府の説明はそれ自体に合理性がない。

④　沼の深さについて

客観資料は沼が浅いことを示している。

結論から先に述べると沼の深さは三メートル程度にすぎない。

本章一に記述のとおり、平成二十六年十月に、森友学園の依頼で国有地の地盤調査が実施されている。

二カ所のボーリング地点は、まさに沼であった地点にある。

このボーリング調査で判明しているとおり、沖積層の上にあり、地表から深さ三・〇五〜三・一〇メートルまでの部分にある盛土層が宅地造成による沼地の埋め立て部分である。

その下は沖積層になる自然の地層であるから、沼の深さはそこまでである。結局、沼の深さは三メートル程度であったということになる。

ボーリング調査という客観調査が、深さ三メートル程度までしかごみが存在しないことを明確にしているのである。第二章一項3記載のとおり、沼が平野部にある溜池であったことや、水の位置が移動していることなどからも、沼が浅い沼であったことは間違いのない事実である。

本章四項4記載の通り、平成二十三年度に実施した国有地の土壌汚染調査の際に国有地内の五カ所において七～一〇メートルの深さのボーリング調査が実施されている。そのうち三カ所は池の部分であるが、その地点では上記ボーリング調査と同様に深さ三メートル程度までしかゴミが存在しないことが確認され、その下部には地層が構成されている。

他の二カ所は、池ではなかった地点であるが、ゴミは確認されず、一メートル程度で地層が構成されている。

その他に、もう一つボーリング調査が実施されている。二章四項2記載のとおり、平成二十一年に国有地の履歴調査が実施されている。その調査報告書中に、関西圏地盤情報データベース二〇〇八年度版によるボーリング柱状図が引用されている。その調査地点は、国有地の北西角地点と、東北角から東に位置する地点の二地点である。

調査時期は把握できないが、位置図が宅地分譲後の図面になっているので、国有地の宅地造成後であることが分かる。

このボーリング調査では、調査地とその周辺一帯の地形は、沖積低地に分類され、調査地は表層〜一・〇mは粘土層、一・〇〜三・八mは砂層、三・八〜七・八mは粘土層とされている。

森友学園が実施した国有地のボーリング調査では、表層から三・〇五〜三・一mは盛り土となっているが、これは前述のとおり池沼であるために三メートル程度の埋め立てをしたことによるものであろう。

こうした地層状況から、国有地だけが、くい打ちを行った区域の広汎に九・九メートルもの深さで多量のごみを含む盛り土層があり、その区域内のボーリングをした二地点だけ偶然三メートルの深さまでの盛り土層だというのはあり得ない話である。

四　国有地は通常の宅地適地である

1　国有地が国の普通財産となった経過

「国有地は、大阪空港の騒音対策対象地内の住宅地だった」

(1)　豊中市野田地区は、近隣に大阪空港があることから昭和四十二年制定の「公共用飛行場周辺における航空機騒音による障害の防止等に関する法律」に基づく騒音対策区域に指定され、国が土地を買い入れる移転補償事業対象地となる。

(2)　平成元年に同地区の騒音対策区域の指定が解除される。

(3)　野田地区の土地区画整理事業が施行され、平成十七年、換地により、国有地は国土交通省所管の大阪航空局の所有となる。既に、騒音対策地域の指定は解除されているので、国有地は普通財産として売却の対象地となる。

2　国有地の履歴調査（平成二十一年実施）

「国有地は、畑、沼地を宅地造成した住宅地」

国有地の所有者であった大阪航空局は、国有地の土地履歴の調査を専門業者に依頼し、平成二十一年八月にその結果報告として「土地履歴等調査報告書」を受けている。

この調査報告書は、通常業務の中でその一環として正常に調査の上で報告がなされたものであり、恣意的要素が入る理由は見当たらないので、客観性の高い資料と認められる。

以下、当該報告書に基づき国有地の履歴や状況を説明する。

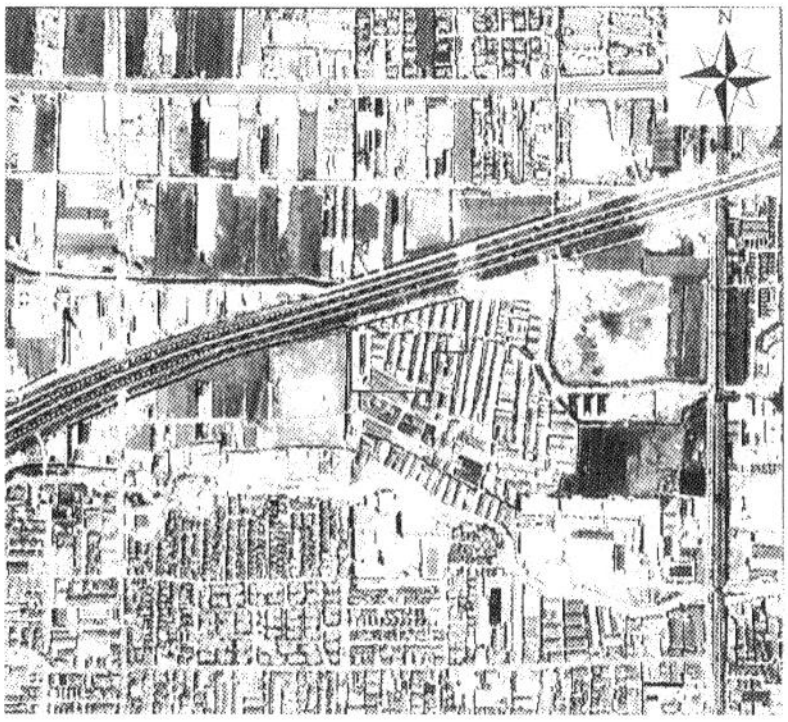

昭和46年撮影の航空写真。

国有地の一部の土地の登記簿謄本表紙

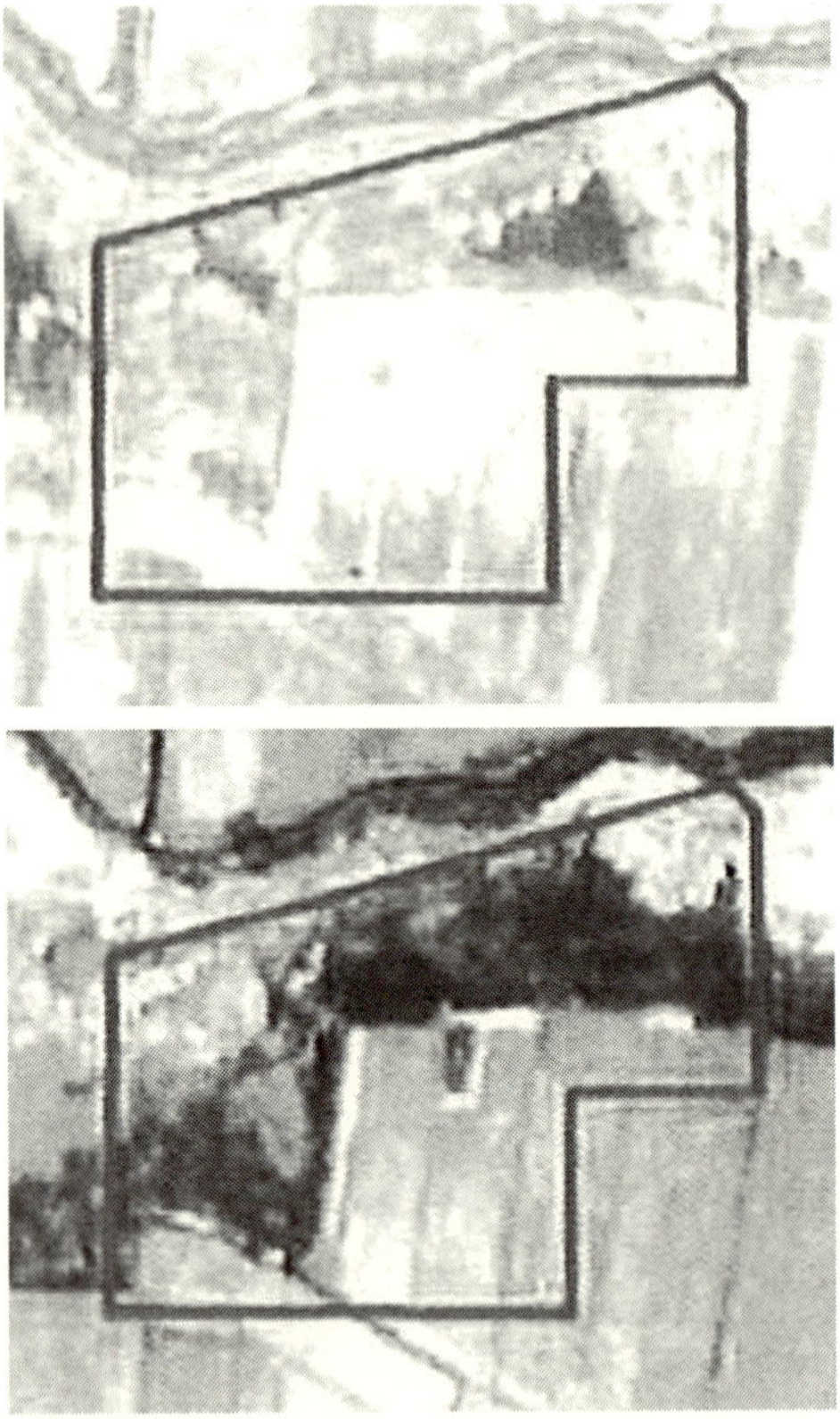

上が昭和 23 年撮影、下が昭和 36 年撮影の航空写真。枠内が森友学園建設予定の国有地。

(1) 昭和二十三年及び、昭和三十六年に撮影された航空写真から、国有地（撮影当時は国の所有地ではないが、冒頭に説明したとおり、本件の払下げ地を国有地と標記している。）は、主として北側が沼と周辺雑草地で構成される沼地であり、南側が主として水田であった。

航空写真なので、沼の深さは判明しないが、昭和二十三年の写真と昭和三十六年の写真を比較すると、水のある地点（黒っぽい部分）が移動しているので、このことから沼は比較的浅いと推定される。

(2)　昭和四十六年に撮影された航空写真（九四頁）では、国有地北側に名神高速道路が開通しており、国有地の全体に建屋が立地している。

(3)　航空局は、国会答弁で、国有地が昭和四十年過ぎに埋め立てられて宅地化をされたと説明しているが、この報告書に基づいての説明と思われる。

私自身でも、国有地の北側中心部分の土地の登記簿の閉鎖謄本（九九頁）を取り寄せて確認したところ、昭和四十四年六月に地目が池沼から宅地に変更されていることが確認された。

3　国有地の埋設物調査（平成二十二年報告）

「国有地には、場所により深さ三・三メートル程度までコンクリート殻や生活ごみ等の埋設物が確認されている」

これを古くからあるごみという。大阪航空局は、専門業者に国有地の埋設物の調査を依頼し、平成二十二年一月に、調査結果として「地下構造物状況調査業務報告書」を受け取っているので、その報告書に基づき、国有地の埋設物の状況を説明する（この埋設物調査を「国による埋設物調査」と言う）。

(1) 調査は、地下三メートルの深さで地中レーダー探査を行い、そのレーダー探査の画像を解析して地下埋設物の存在する可能性があると判断した六八カ所について、地下埋設物の形状、材質、埋設量などを把握するために試掘を行ったものである。尚、国有地にあるアスファルト舗装された道路部分一〇四六・七㎡については、レーダ探査を行わず、試掘の対象外となっている。

(2) 試掘箇所は、アスファルト道路部分以外の七七二三・八三㎡の中から六八カ所で、一箇所の試掘は概ね長さ三メートル、幅二メートルで、高さ（深さ）は地山深度（地下埋設物がなくなる深度）の三メートルで行われた。

三メートルまで掘っても生活ごみがある場所が五カ所あり、その内四カ所については三・二メートルないし三・三メートルまで掘り下げて、その深さまでごみがあ

2-135

表題部（土地の表示）

所在	①地番	②地目	③地積 m²	原因及びその日付	登記の日付
豊中市野田町	[illegible]番	道路	[illegible]	[illegible]から分筆	昭和四参年壱月拾日
		宅地	参百九[illegible]	②③昭和四[illegible]年六月[illegible]日 地目変更	昭和五弐年九月拾七日
					昭和六参年法務省令第三十七号附則第二条第二項の規定により移記 平成壱四年弐月七日

枚数
1
2
5
6
7
8
9
10
11
12
13
14
15
地図番号

ることが確認されている。

その総掘削土量は、一〇三二㎥と報告されている。一カ所が概ね一八㎥なので、六八カ所の合計として妥当な数字である。

その中から、廃材、生活ごみ、コンクリート殻、鉄パイプなどの埋設物が二一三・九㎥掘り出されている。

(3) 試掘した部分の埋設物の混入比を算出すると、掘削総土量一〇三二㎥中、埋設物が二一三・九㎥なので、混入比は、二〇・七%と報告されている。

この混入率は、レーダー探査の結果ごみがある可能性の高いと判定された六八カ所の平均であるから、ごみがある可能性の無い若しくは低い地点の方が多い国有地全体の混入率は、二〇・七%よりもさらに低いと考えられる。

4 国有地の土壌汚染

国有地には一部に土壌汚染があったが、売買前に完全に除去済みであり、本件値引き問題には影響しない。

平成二十三年度に大阪航空局において国有地の専門業者に依頼して土壌汚染調査を行い、国有地の北側の一部に鉛、砒素の土壌汚染があることが確認されている。

第二章一で述べたとおり、その調査に当たり、国有地内の五カ所において、深さ七～一〇メートルのボーリング調査が実施され、国有地の一部に深さ三メートル程度までごみが埋設されているが、それより深い地点には埋設物は無いことが確認されている。

この調査結果は、国による埋設物調査の結果そして次項記載の地盤調査の結果と符合している。

5　国有地の地盤調査

第二章一で述べたとおりであり、国有地内のボーリング調査では、三・〇五メートル及び三・一〇メートルの深さで沖積層が形成されているので、それより深くには埋設物は無い。

前項に述べた国有地内の五カ所のボーリング調査では、三カ所において三メートル程度の深さから、二カ所においては一メートル程度の深さから地層が構成され、それより深くには埋設物は無い。

五　国有地の鑑定評価

「国有地は、土壌汚染、埋設物除去費用を減算したうえで、九億円を超える評価額であった。」

国有地について、近畿財務局の依頼により行われた不動産鑑定士による鑑定評価書が四通提出されている。

日付順に記載すると次の四通である。

財務省は、国有地についての鑑定評価はこの四回しか行っていないと説明している。

⑵、⑶の鑑定が同一の鑑定会社により行われているが、⑴と⑷とはそれぞれ別の鑑定士によって行われている。

(1)　平成二十四年七月十二日付け鑑定評価書

この鑑定評価は、平成二十四年当時に大阪航空局から国有地の売却依頼を受けた近畿財務局が、その事務実施のために依頼して行われたものである。

「鑑定結果」

更地価格　九億〇三〇〇万円（一〇万三〇〇〇円／㎡）

この評価額は、前記四項4記載の土壌汚染調査によって判明している土壌汚染及び、前記四項3記載の国による埋設物調査により判明している地下埋設物について下記の減価を行った上で算定したものである。

① 土壌汚染対策工事費用を四三九八万九九六二円と査定し、四％の減価

② 地下埋設物について開発を前提とした処分工事価格を五六二〇万円と査定し、五％の減価

当時、隣地を所有する大阪音大が国有地の取得を希望し、七億円まで出せると表

明したが、財務局から価格が低いと指摘され購入を断念している。

三月三十日衆議院決算行政監視委員会　財務省中尾睦理財局次長答弁

「大学のサイドからは、経営上の理由ということだったと承知しておりますけれども、七億円ぐらいしか出せない、そういうお話がございまして、時価でないと売れませんということで、学校法人の側から要望書を取り下げられたというふうな経過でございます。」

(2)　平成二十七年一月十六日付け不動産鑑定評価書

この鑑定評価は、森友学園が直ちには国有地を買収できないので定期借地にすることになり、これに伴い賃料の鑑定評価を行ったものである。賃料の鑑定評価の前提として土地価格が鑑定評価されている。

「鑑定結果」

不動産価格　九億五五九七万七〇〇〇円（一〇万九〇〇〇円／㎡）

期間一〇年の定期借地契約の年額賃料認定額　四二〇四万三〇〇〇円

不動産価格は、前記四項4記載の土壌汚染調査によって判明している土壌汚染及び、前記四項3記載の国による埋設物調査により判明している地下埋設物について下記の減価を行った上で算定したものである。

① 土壌汚染除去費用　五〇〇〇万円と査定

② 地下埋設物除去費用　七〇〇〇万円と査定

(3) 平成二十七年四月二十七日付け価格調査報告書

この鑑定評価は、(2)と同様の目的の鑑定であるが、賃貸条件中の賃貸期間を一〇年から五〇年に改め、かつ軟弱地盤に伴う地盤改良工事が必要と考慮して鑑定評価をしたものである。

経過から、森友学園側から賃料が高すぎるとの申し入れを受けて、同学園が実施した前記5項記載のボーリングなどによる地盤調査の結果を入れて、地盤状況を考慮して改めての鑑定評価を行ったものと推察できる。

「鑑定結果」
所有権価格　九億二九六六万六〇〇〇円（一〇万六〇〇〇円／㎡）
期間五〇年の定期借地契約の年額賃料認定額　三六〇四万円
　不動産価格は、前記四項4記載の土壌汚染調査によって判明している土壌汚染及び前記四項3記載の国による埋設物調査により判明している地下埋設物に加え、森友学園が実施した前記四項5記載の地盤調査による地盤状況について下記の減価を行った上で算定したものである。
① 土壌汚染除去費用　五〇〇〇万円と査定
② 地下埋設物除去費用　七〇〇〇万円と査定
③ 地盤改良費用　四六〇〇万円と査定

(4) 平成二十八年五月三十一日付け不動産鑑定評価書
　この鑑定評価は、国有地を森友学園に売却するために行われたものである。

　尚、この鑑定時点では、前記四項4記載の調査で判明している土壌汚染は平成二十七年十二月までに実施された除去工事により完全に除去されている。

また前記四項3記載の国による埋設物調査で判明している埋設物の内、コンクリート殻やパイプなどの金属類等は同時期に実施された撤去工事により除去されているが、廃材、生活ごみは除去されずに残置されている。

また、平成二十八年二月九日から三月一日にかけて地盤改良のためのくい造成工事が実施され、工事は完了している。

「鑑定結果」

正常価格　九億五六〇〇万円（一〇万九〇〇〇円／㎡）

生活ごみ等地下埋設物を価格形成要因から除外した。

意見価額　一億三四〇〇万円（二万五三〇〇円／㎡）

近畿財務局提示の地下埋設物撤去及び処理費用八億一九七四万一九四七円を控除し、且つその撤去期間に起因して事業期間が長期化することの逸失利益相当額の減価を二％と査定し、一〇万円単位を四捨五入した。

付記意見　「査定の条件」

一　鑑定評価額及び価格の種類

価格の種類	総　額	単　価
正常価格	金956,000,000円	109,000円/㎡

※上記鑑定評価額は後記三　鑑定評価の条件を前提とするものである。

二　対象不動産の表示

区分	所在・地番	地目		地積	
		現況	登記記録	実測	登記記録
土地	豊中市野田町 1501番	宅地	宅地	8,770.43 ㎡	8,770.43 ㎡

（所　有　者）国
（権利の種類）所有権

三　鑑定評価の条件

1．対象確定条件

物的事項としては、下記 2.地域要因又は個別的要因についての想定上の条件に係る事項を除いて、対象不動産の価格時点における状態を所与として評価するものである。

また、権利の態様の事項として貸付人国と借受人学校法人森友学園との間で締結されている借地契約は本件評価において価格形成要因から除外する。

なお、当該条件については下記事項を総合的に考慮して鑑定評価書の利用者の利益を害するものではなく、実現性や合法性の観点からも条件付加の妥当性を確認した。

①平成 27 年 5 月 29 日付「国有財産有償貸付合意書」第 4 条（買受けの特約）において、貸付期間満了前に借受人は当該契約を終了し、買い受けることができるものと規定されていること。

②上記①の買受けの詳細については平成 27 年 5 月 29 日付「国有財産売買予約契約書」第 4 条により更地価格とされていること。

従って、対象不動産は、建物等の定着物がなく、かつ、使用収益を制約する権利の付着していない宅地、すなわち「更地」として評価する。

2．地域要因又は個別的要因についての想定上の条件

地下埋設物として廃材、ビニール片等の生活ゴミが確認されているが、本件評価において価格形成要因から除外する。

当該条件については下記事項を総合的に考慮して鑑定評価書の利用者の利益を害するものではなく、実現性や合法性の観点からも条件付加の妥当性を確認した。

(1)地下埋設物撤去及び処理費用は別途依頼者において算出されていることから、現実の価格形成要因との相違が対象不動産の価格に与える影響の程度について鑑定評価書の利用者が依頼目的や鑑定評価書の利用目的に対応して自ら判断できること。なお、「自ら判断することができる」とは価格に与える影響の程度等についての概略の認識ができる場合をいい、条件設定に伴い相違する具体的な金額の把握までを求めるものではない。

(2)依頼の背景を考慮すると、公益性の観点から保守的に地下埋設物を全て撤去することに合理性が認められるものの、最有効使用である住宅分譲に係る事業採算性の観点からは地下埋設物を全て撤去することに合理性を見出し難く、正常価格の概念から逸脱すると考えられること。

3．調査範囲等条件

無し

4．その他の条件

評価数量は実測数量を採用する。

正常価格の鑑定評価額

<付記意見>

一　意見価額

意見価額	金134,000,000円 （単価15,300円/㎡）

※上記意見価額は後記二　査定の条件を前提とするものである。

二　査定の条件

本編鑑定評価にあたっては、鑑定評価の条件（地域要因又は個別的要因についての想定上の条件）によって「地下埋設物として廃材、ビニール片等の生活ゴミが確認されているが、本件評価において価格形成要因から除外する。」ものとしたが、本意見価額の査定にあたっては、依頼者提示の地下埋設物撤去及び処理費用を加味しつつ、当該事項を本編鑑定評価額に反映した場合の意見価額を査定する。

なお、その他の条件については、本編鑑定評価における鑑定評価の条件に準ずる。

三　査定の経緯

本編鑑定評価で決定した更地価額から依頼者提示の地下埋設物撤去及び処理費用を控除し、さらに当該撤去等に起因する事業期間の長期化に伴う影響を加味して意見価額を査定することとした。

1. 更地価額

本編鑑定評価で決定した更地価額は下記の通りである。

対象不動産の 更地価額	956,000,000円

2. 地下埋設物撤去及び処理費用

依頼者提示の地下埋設物撤去及び処理費用（消費税込み）は下記の通りである。

地下埋設物 撤去及び処理費用	819,741,947円

付記された意見価格

鑑定評価の条件（地域要因又は個別的要因についての想定上の条件）によって「地下埋設物として廃材、ビニール片等の生活ゴミが確認されているが、本件評価において価格形成要因から除外する。」ものとしたが、「本意見価額の査定にあたっては、依頼者提示の地下埋設物撤去及び処理費用を加味しつつ、当該事項を本編鑑定評価額に反映した場合の意見価額を査定する。」

この鑑定は、確認されている廃材等の生活ごみを価格形成要因から除外して、国有地の正常価格を九億五六〇〇万円であると鑑定している。

一方の意見価額は、依頼者つまり近畿財務局が、八億一九七四万一九四七円の地下埋設物撤去及び処理費用を提示しているので、これを反映したら意見価額つまり一億三四〇〇万円になると意見を述べているにすぎない。

つまり、鑑定士は、国有地の正常価格を九億五六〇〇万円と鑑定評価したが、近畿財務局が提示した八億円余の撤去等費用を反映するとした場合には計算上一億三四〇〇万円になると意見を述べただけであるので、近畿財務局が提示したごみ撤去費用八億円余を承認したものではないし、また、その前提となる新たなごみの存在を認めたものでもない。会計検査院による検査結果報告においても同様に指摘されている。

六　国有地の売却経過

国有地の売却に至る経過を、政府の説明と資料に基づいて説明する。

1　平成二十二年一月　国による埋設物調査の結果報告

2　平成二十四年二月　国有地の土壌汚染調査の結果報告

3　平成二十四年七月十二日付け鑑定評価
更地価格九億〇三〇〇万円（一〇万三〇〇〇円／㎡）
但し、地下埋設物処分費用五六二〇万円を減算した上の評価額

4　平成二十五年四月三十日
大阪航空局が近畿財務局に国有地の売却を依頼する。

5　平成二十五年六月三日から同年九月二日までの間

近畿財務局が、国有地について、公用、公共用の取得等要望を受け付ける。

6　平成二十五年九月二日
森友学園が近畿財務局に取得等要望書を提出する。

7　平成二十六年十月二十一日から同月三十日まで
森友学園の依頼により地盤調査が実施される。

この結果、国有地内のボーリング地点では、三・〇五メートル及び三・一〇メートルの深さで沖積層が形成され、それより深くには埋設物は無いことが確認される。

8　平成二十七年五月二十九日
近畿財務局と森友学園の間で、国有地の有償貸付け契約と売買予約契約が同時に締結される。

国による埋設物調査で確認されている埋設物については、国は責任を負わないことが明記される。

9　平成二十七年七月二十九日より同年十二月十五日までの間、森友学園において国有地の土壌汚染の除去、埋設物の内コンクリート殻や鉄パイプ等の硬質物の撤去工事を実施する。その費用は、一億三一七六万円とされる。埋設物の内廃材、生活ごみは撤去されずに残置される。

10　平成二十八年二月九日から三月一日までの間
森友学園が、国有地において柱状地盤改良工事としてくい造成工事を実施する。

11　平成二十八年三月十一日
業者から近畿財務局に、くい造成工事中に深度の土中から地下埋設物が発見された旨の連絡が入る。

12　平成二十八年三月十四日
近畿財務局、大阪航空局担当者が国有地を訪れて状況を見る。

13　平成二十八年三月三十日
森友学園から近畿財務局に、国有地の買取り要望がなされる。
近畿財務局担当者が国有地を訪れ、業者実施済みの試掘を確認する。

14　平成二十八年四月五日
大阪航空局担当者が国有地を訪れ、試掘を確認する。

15　平成二十八年四月六日
近畿財務局が森友学園に対し、本章七に記載の工事費用一億三一七六万円を有益費として支払う。

16　平成二十八年六月二十日
近畿財務局と森友学園の間で、代金一億三四〇〇万円で国有地の売買契約を締結

七　ごみの撤去処理費用積算の不当性

前項まで「新たなごみ」の発見の虚偽性について述べたが、政府は、「新たなごみ」が発見されたためとして、国有地の評価額九億五六〇〇万円からごみの撤去に要する費用として八億円余の撤去等費用を控除して、一億三四〇〇万円を国有地の売却額としたと説明する。

この八億円余に及ぶごみの撤去処理費用の算定が不合理極まりないことを述べて、結局は、新たなごみは存在せず、単に値引きの口実を作り上げることを目的とした架空の処理であったことを論証する。

1　過大極まるごみの量

ごみの量についての政府説明は以下のとおりである。

国有地の面積は、八七七〇㎡である。その内、約六〇%に該《あ》たる土地部分五一九〇㎡を対象区域としている。これは、国による埋設物調査において、国有地の南側部分には埋設物があまり確認されていないことによるものであろう。

対象区域の内、三八二本のくい打箇所の面積三〇三㎡については九・九メートルの深さの範囲でごみが混入しているとし、残余の四八八七㎡については、三・八メートルの深さの範囲でごみが混入しているとする。

ごみの混入率は四七・一%とされている。

ごみが混入する土の容積は、くい打ち箇所の三〇三㎡が深さ九・九メートルなので二九九九・七㎥になり、四八八七㎡が深さ三・八メートルなので一万八五七〇・六㎥になる。合計約二万一五七〇㎥になる。

これに、ごみの混入率〇・四七一を掛けて、ごみの容量と重量を算出すると、深さ九・九メートル部分のごみの容量約一四一二・六㎥と、深さ三・八メートル部分のごみの容量一万八五七〇・六㎥について、その重量はそれぞれ約二七一二トン、約一万六七九三トンになり合計すると約一万九五〇〇トンになるとされている。

2　著しく高いごみの撤去処理費用

ごみの撤去処分費用についての政府説明は以下のとおりである。

総額　八億一九四七万一九四七円
内訳　　工事費　七億五九〇二万〇三二二円
　　　　消費税　　六〇七二万一六二五円

工事費七億五九〇二万円〇三二二円の内訳は次のとおり。

直接工事費　五億一四二〇万三九〇〇円
内訳
　くい部分（深さ九・九メートル）　六五三四万四六〇〇円
その他土地部分（深さ三・八メートル）四億四八八五万九三〇〇円

間接工事費　一億七二〇五万一九九八円

内訳

共通仮設費　三五九二万三三一二円

現場管理費　一億三六一二万八六八六円

一般管理費　七二七六万四四二四円

直接工事費のくい部分六五三四万四六〇〇円の内訳

積込み　一七〇〇㎥（単価　一八六円）　三一万六二〇〇円

残土運搬一七〇〇㎥（単価二二五二円）　三八二万八四〇〇円

処分費　二七二〇トン（単価二万二五〇〇円）六一二〇万〇〇〇〇円

直接工事費の内のその他の土地部分（深さ三・八メートル）四億四八八五万九三〇〇円の内訳

床掘　八八〇〇㎥（単価三七四円）　三二九万一二〇〇円

積込み　一万〇五〇〇㎥（単価一八六円）　一九五万三〇〇〇円

埋め戻し　一万一一〇〇㎥（単価六一〇〇円）　四一九六万九一〇〇円

残土運搬　一万〇五〇〇㎥（単価二三五二円）　一二三六四万六〇〇〇円
処分費　一万六八〇〇トン（単価二万二五〇〇円）三億七八〇〇万〇〇〇〇円

ごみの状況等さまざまな具体的条件が決まっていないので具体的詳細な試算は行わない。ここでは、直接工事費五億一四二〇万円余に対し、間接工事費と一般管理費の合計が二億四四八一万円余りになるのは高すぎるのでは、或いは廃材等の生活ごみであって危険物や有害物でもないごみの処分費がトン当たり二万二五〇〇円というのは高すぎるのではという点だけ指摘するに止めておく。

3　ごみ撤去そのものが不要である

ごみの撤去処理費用の政府算定額の不当性を具体的に指摘する前に、そもそも、ごみの撤去処理が必要無いことについて指摘する。

先ず第一に、廃材や生活ごみの埋設物があるとしても、そのことが小学校建設の障害にはならないことである。

文部科学省が定める小学校施設整備指針によれば、小学校用地について、「建物、屋外運動施設等を安全に設定できる地質及び地盤であるとともに、危険な埋設物や汚染の無い土壌である事が重要である。」とのガイドラインが示されている。

国有地に廃材ごみの埋設物が存在しても、現にくい造成工事は支障無く完了しており、その他に安全を脅かす事情は何も無い。

廃材や生活ごみといった埋設物は危険を及ぼすものでもない。尚、汚染土壌は完全に除去済みである。

国有地は、廃材や生活ごみの埋設物があったとしても、これを除去するまでもなく小学校校地の基準ガイドラインを満たしているのであるから、これを除去する必要性は無い。

さらに、森友学園自体が、以下述べるとおり、廃材や生活ごみの撤去を予定していなかった事実経過がある。

本章四項（国有地は通常の宅地適地である）で述べたとおり、国による埋設物調査が実施され、国有地に地下埋設物があることが確認されている。

その上で、本章二項（三メートル程度より深い地点のごみが値引きの最大理由）で述べたように、同調査による地下埋設物があることを承認した上で、森友学園は国有地を賃借し、売買予約契約を締結したのである。

そして、森友学園は、国有地の賃借中である、平成二十七年七月二十九日から同年十二月十五日までの間に、国有地の地下埋設物の撤去処理と本章四項4記載の土壌汚染の除去工事等を実施している。

森友学園は、この工事費用として一億三一七六万円の支払いをしたとして、有益費用の償還を国に請求し、国は、平成二十八年四月六日に森友学園に請求額全額の支払いを行っている。

さて、その森友学園が実施した工事の内容であるが、地表のアスファルト等の撤去と地下埋設物の撤去そして土壌汚染の除去であるが、地下埋設物については、コンクリート殻や配水管等の硬質物を撤去しただけで、生活ごみや廃材等については除去しないで残置している。

つまり、建物建築の障害になったり、その後の利用の妨げになる物質は撤去や除去をしたが、地下にあることが確認されていた生活ごみや廃材等のごみは残置されたのである。

地下に埋設されていたコンクリート等を撤去した後に埋め戻しがされている事実や、コンクリート殻等撤去工事の終了直後の翌二八年一月から建物建築工事の着工が予定され、実際に同月からくい工事が開始されたことから見ても、追って生活ごみ等の撤去工事をする考えが無かったことは明白である。

生活ごみ等のごみが残置された理由は、建物建築やその後の利用に支障が無いと判断されたからと考えられる。

そもそも、国による埋設物調査により存在が確認された地下埋設物とは別の新たなごみが地中深いところから発見された事実はないのであるが、それは置き、仮に発見されたとして、浅い位置にあるごみについて土地の利用上支障が無いとして撤去しなかったものを、より支障が乏しいと思われる深い位置にあるごみを撤去する必要性は生じないだろう。

4　国の算定額は、不動産鑑定士の算定額より桁違いに高い

本章五項（国有地の鑑定評価）で述べたとおり、国有地については、三名の不動産鑑定士により四回の鑑定評価が行われているが、そのいずれにおいても、国による埋設物調査により確認された地下埋設物等の撤去処理費用が検討されている。その結果を改めて記載すると、

平成二十四年鑑定書では、五六二〇万円

平成二十七年鑑定書（二通）では、いずれも七〇〇〇万円

平成二十八年鑑定書では、価格形成要因から除外（この時点においては、コンクリート殻や鉄パイプなどの埋設物は除去済みであり、廃材生活ごみが残置されている）。

国の算定額八億一九七四万一九四七円は、専門家の鑑定と比較して、余りにも高額に過ぎるものである。

値引き額約八億円を算出するための不合理な計算としか言いようがない。

5　政府の算定は非合理だらけである

(1)　深さ九・九メートルのくい打ち部分は僅かであって、三〇三㎡も無いのではないか

政府は、業者から提出されたくい設計図面（一二三頁上図。本章三項2の③項（六九頁）に掲記の見積もり対象区域図と同じ）を基に三八二本のくい工事が行われたとして、その面積合計三〇三㎡について九・九メートル の深さの土にごみが混入しているとしている。

設計図面上では建物敷地部分にくいが密集しているが、本章三項（新たなごみなど存在しない。）2の①項に掲示した一四枚の写真（四八頁から）を参照して見よう。これらの写真は、平成二十八年三月十四日に、財務省、国交省の担当者が、新たなごみが出たとの連絡を受けて現地確認を行った際に撮影したとされている。その内、財務所提出の写真撮影位置図を再掲したが（一二五頁下図）、これを見ると、写真⑩、⑪の位置から撮影し

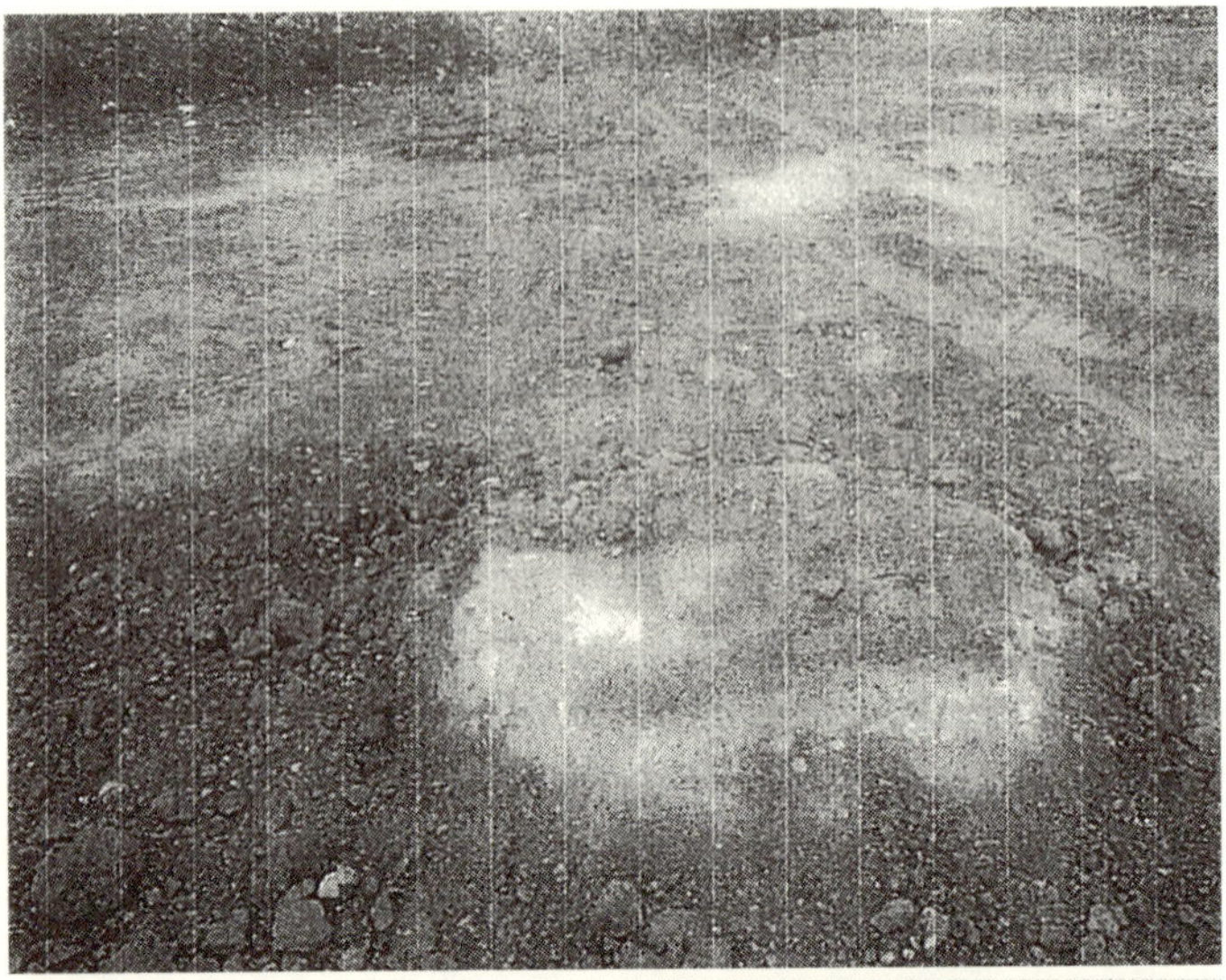

⑩番（上の写真）　⑪番（下の写真）

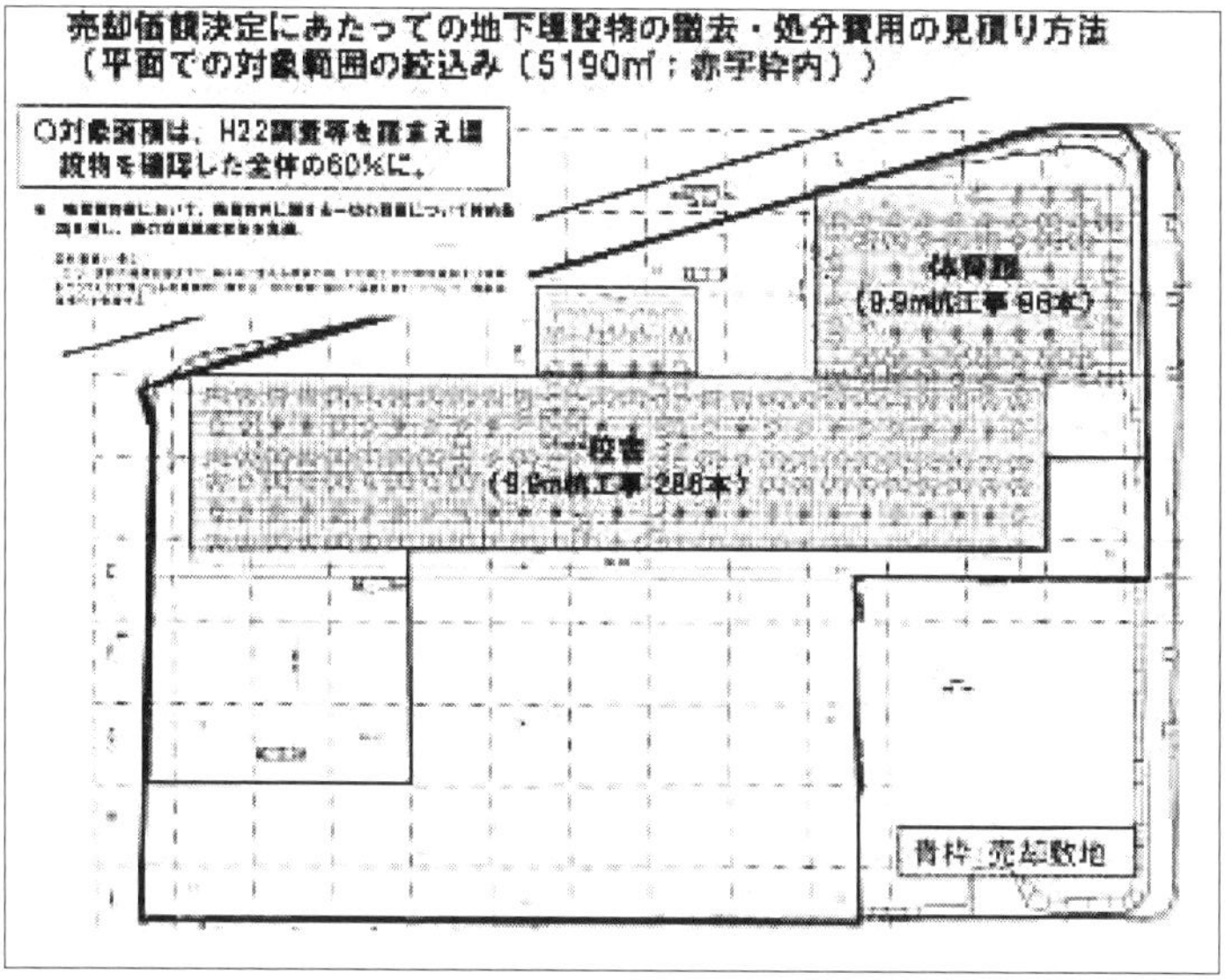

くい設計図

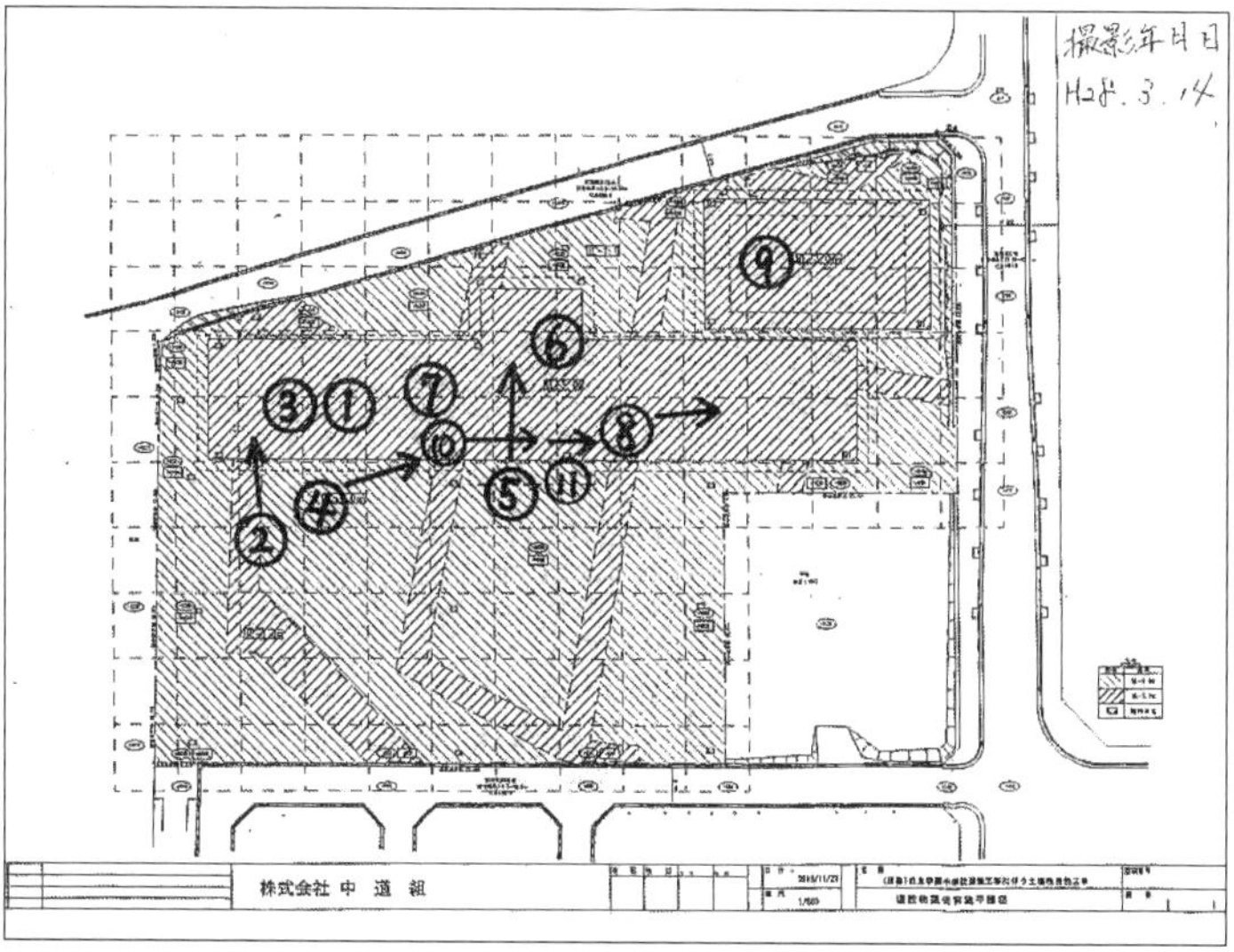

写真撮影位置図

た場合には、くい打ち図面によるならくいは五〇本程度存在していなければならない。
写真⑩と⑪を再度一二四頁に掲示した。全てのくい打ち工事は既に完了しているので、写真⑩、⑪の位置から撮影した場合には、くい打ち図面によるならくいは五〇本程度存在していなければならないが、⑩、⑪のいずれの写真（プリント配布写真の拡大なので不鮮明であるが）を見てもくいは一〇本以下しか見当たらない。

⑩、⑪以外の写真では、そのどれを見ても、くいは見当たらず、くいを造成した痕跡を示すものもない。
これでは、実際に造成されたくいは⑩、⑪の写真に写る一〇本未満のくいだけでしかないとしかいいようがない。

本章三項（新たなごみなど存在しない。）2の③項において試掘のでたらめさを述べたが、同項に掲示したとおり試掘を示す写真であるとして、財務省から提出された一七枚の写真（六一頁から）と国交省から提出された業者撮影の二一枚の写真（七六頁から）がある。それらの写真の多くは、建物建設予定地つまりくい打ち区域内を写しているが、そのいずれにもくいは写っていないし、くい工事がなされた痕跡を示すものもない。

くい設計図は航空局がごみ撤去費用を見積るための資料として業者が提出したものだという。そうすると、航空局は、くいの本数が明らかに実際と異なり著しく水増しされていることを見逃したことになる。

この点を政府に指摘すると、くいの本数は確認していないという答弁である。

平成二十九年四月二十日参議院国土交通委員会　航空局長答弁

「三月十四日に現地確認をしたときには既にくい工事は終わっていたということでございまして、くいの本数につきましては先ほど申し上げましたように設計書で確認をしたということでございます。」

「三月十四日につきましては、大阪航空局の職員は土地の全域を踏査をしておりますけれども、そのくいの本数を全て数えたかということについては確認ができておりません。」

平成三十年一月になって、財務省から法令照会文書等が開示された。その文書中に

「柱状改良工事は完了しており（校舎建築箇所の数十箇所）」という事実関係に関する記載があった。財務局は、くいが数十カ所しかないことを知っていたのである。

(2) くい打ち部分を算入すること自体の非合理性

くい工事が、掘削して土を取り出して中を空洞化するという国の当初の説明が間違いで、土を取り出さずに土にセメントミルクを注入して柱状のくいを構築する工事であったことを本章三項2の①項（四三頁）で述べた。

そうすると、くい打ち部分は、既に土にセメントミルクを混ぜ合わせたコンクリートくいが構築されてしまっている。土自体が存在しないので土を取り出すということ自体があり得ないから、この観点からも、その処理費用を計上することは間違いである。

(3) くい打ち部分以外を深さ三・八メートルまでごみがあるとすることは出来ない。

政府は、くい打ち部分以外を三・八メートルの深さとした根拠を、試掘により深さ三・八メートルの所からごみが確認されたことによると説明している。

しかし、本章三項2の③項（六〇頁）で述べたとおり、試掘により三・八メートルの深さからごみが発見された事実自体が無い。

政府の説明によったとしても、同項で述べたとおり、八カ所の試掘の内の一カ所が三・八メートルであるものの、その他七カ所のごみが出たとする深さは一・二メートル乃至二・七メートルでしかない。

であるから、八カ所の平均値を基に全体の深さとしなければならないのに、最も深い一つの地点の深さを取り出してこれを全体の深さとしたことは明らかに不当である。

(4)　ごみ混入率四七・一%は意図的に高く算出した数値

本章四（国有地は通常の宅地適地）の三項に記載したとおり、国による埋設物調査は、レーダー探査によって埋設物が存在する可能性があると判断された地点六八カ所を試掘したものである。

その調査において、試掘部分六八カ所の埋設物の混入率平均は二〇・七%と報告されている。

ところが、航空局は試掘箇所六八カ所全地点ではなく、その内ごみの混入率が高い二八地点だけを取り出して、その平均値の四七・一%を算出し、この四七・一%の混入率を対象地全体の混入率としているもので、恣意的で客観性に欠けた数値である。

因みに、混入率を四七・一%から二〇・七%に置きかえるだけで、ごみの総量は約一万九五〇〇トンから約八七五〇トンに減少し、八億円を超える撤去費用が半分以下に減少する計算になる。

国による埋設物調査は、レーダー探査によって埋設物があると見込まれる六八カ所を掘削して調査したものであるから、二〇・七%の数値は、ごみがあると見込まれた地点の平均地である。埋設物があるとは見込まれなかった非掘削区域のごみ混入費は二〇・七%より相当に低いはずである。二〇・七%の数値自体が、ごみの混入率を保守的に高く推定した数値である。

実際、既に述べたが、試掘により出た残土とされる写真等を見ても、ごみが平均して四七・一%も混入していることを具体的に示すものはない。

(5) 浅いところのごみ混入率四七・一%を使用することの非合理性

航空局が算出した四七・一%の混入率は、国による埋設物調査で確認されている「浅い地点にあるごみ」の混入率である。

政府は、「浅い地点にあるごみ」とは別の、新たなごみが深い地点から発見されたと説明している。そうすると、新たに発見された「深い地点にあるごみ」が「浅い地点にあるごみ」とは別のものであるのに、「深い地点にあるごみ」の混入率が「浅い地点にあるごみ」と同一の混入率だとしているのは合理性に欠けている。

八　司法における地中埋設物の評価

売買する土地に地中埋設物が発見された場合に、その埋設物の存在が土地価格に与える影響或いは損害を構成するか否か、構成する場合の評価基準はどうかを調査した。参考になる裁判例として、地下埋設物を損害と認めない裁判例と、一部を認める裁判例を挙げるが、いずれも下級審の裁判であり、最高裁判例は見当たらなかった。

⑴　東京地裁平成二十六年十月二十三日判決

石、コンクリート塊等の地下埋設物の存在による損害賠償請求を棄却した事例。

判決要旨

「本件土地（一八六・七九㎡）において一三か所を最大一四〇センチメートルで掘削する方法による調査で、掘削調査が不可能となるような埋設物があったのは四か所、埋設物が確認できなかった箇所が四か所。埋設物の量は一か所から多くとも大きい物で数個、小さい物で数十個程度であったことが認められる。本件土地上に建物を建築するについて支障となる質、量の異物が地中に存在するために、その土地の外見から通常予測され得る地盤の整備、改良の程度を越える特別の異物除去工事を必要とすることを認めるにたりる証拠はない。

(2) 札幌地裁平成十七年四月二十二日判決

コンクリート塊の地下埋設物について、一部を損害賠償請求を認め一部を否定した事例

地表から数十センチの深さの所に位置する大きなコンクリート塊などについて土地境界部分に構築物を設置する際に障害となるおそれがあるなどとして売主側の賠

償責任を認めた。

地表から三・七五メートルと二・五メートルの深さの所にあるコンクリート製構造物について売主側の賠償責任を否定した。

判決要旨

「本件土地のような宅地の売買において、地中に土以外の異物が存在する場合一般が、直ちに土地の瑕疵を構成するものでないことはいうまでもない。

しかし、その土地上に建物を建築するに当たり支障となる質、量の異物が地中に存するために、その土地の外見から通常予測され得る地盤の整備、改良の程度を越える特別の異物除去工事等を必要とする場合には、宅地として通常有すべき性状を備えないものとして土地の瑕疵に当たるということが出来る。」

こうした裁判例からすると、国有地においては、くいの造成等の工事をはじめ建物建築工事に支障が出るような地中埋設物が存在したわけではないから瑕疵には当たらないと判断すべきことになる。

瑕疵について、政府は、くいの硬度低下や風評被害なども瑕疵に当たると主張している。

四月二十日参議院国土交通委員会　航空局長答弁

「例えば木くずのようなものを例にとって申し上げますけれども、くい掘削の過程でくいの中に木くず等が混入した場合、仮に工事実施時点では一定の強度があっても、時間が経る中で木くずが腐食することによりくいの硬度が低下するなどによって建築物の安全性に重大な影響を及ぼすおそれが否定できないと考えております。また、工事やその後の利用の中で地下水の汚染や異臭、風評被害等を引き起こすおそれもあるというふうに考えてございます。」

本章四の3項記載のとおり、森友学園側は、国有地を賃借した平成二十七年七月から地中埋設物の除去工事を実施したが、コンクリート殻等を撤去しただけで廃材や生活ごみを残置し、そのままくい造成工事に着手し工事を終えたのである。

会計検査院の検査結果報告においては、業者が廃棄物混合土が杭の品質に影響を及ぼすおそれはないことから廃棄物混合土を撤去しないで杭工事を完了させたと報告されている。

裁判例と比較して、建物の建築やその後の利用に具体的な支障が出ないものについて瑕疵と認めることは正当ではない。

九　会計検査院の検査結果報告

1　値引き根拠の新たなゴミの存在を否定

会計検査院は、平成二十九年十一月二十二日に、「学校法人森友学園に対する国有地の売却等に関する会計検査の結果について」報告を行った。

そこでは、新たなごみについて以下のように報告している。

「深度三・八mについて、廃棄物混合土を確認していることの妥当性を確認することができず、敷地面積四、八八七㎡に対して一律の深度として用いたことについて十分な根拠が確認できないこと及び深度九・九mを用いる根拠について確認することができないこと、また、大阪航空局は、廃棄物混合土が確認されていない箇所についても地下埋設物が存在すると見込んでいることとなることなどから、地下埋設物撤去・処分概算額の算定に用いた廃棄物混合土の深度については、十分な根拠が確認できないものとなっている。」

存在しないごみについて、「十分な根拠が確認できない」という表現は生ぬるいと思うが、これが役人言葉なのだろう。存在することを認めるには十分な根拠が確認できないというのだから、存在しないと考えられるという表現に置き換えた方が国民には分かりやすい。

2　会計検査院報告の陥穽と欠陥

会計検査院の結果報告が出された後、おかしな報道が流れた。会計検査の結果として、値引き額八億円余りのうち、三ないし七割程度の値引き額が過大だと指摘されたという一部の報道である。

そこで改めて会計検査院の結果報告を読んでみよう。その前に踏まえておくのは、八億円余りの値引き額は、地表から一部が九・九メートルでその他は三・八メートルの深さまでの全ての土に含まれるごみ、即ち新たに発見されたという深い地点のごみだけではなく、浅い地点にある古くからのごみも含めた全てのごみの処理を対象とした費用であることである。

そうしてみると、会計検査院の結果報告は、新たに発見されたというごみについて十分な根拠が確認できないと述べているだけで、古くから存在が確認されている浅い地点にあるゴミを対象とした処理費用については正当とも不当とも述べておらず、この点の検討をしていない。

その一方で、会計検査院の結果報告には古くから存在が確認されているごみの推定量が記載されている。その量を六一九六トンと算出したが、別の試算方法によれば一万三九二七トンだという記載である。

大阪航空局は全体の処分量を一万九五二〇トンと算定していたので、これをもとに割合を算出すると、存在が確認されている古くからのごみの量は三ないし七割程度になる。冒頭に述べた、値引き額八億円余りのうち、最大で七割程度最小で三割程度の値引き額が過大だとされたという一部の報道は、ここから出ていることになる。これであると、会計検査院が不当と指摘したのは新たに発見されたとされるゴミを対象とする処理費用分だけで、古くからのごみを対象とする処理費用を土地代金から減額したことについては、会計検査院が正当であると認めたように誤解してしまう。

会計検査院は、存在が確認されている古くからのごみの処理費用を値引きしたことについて、正当だとは述べていない。単に何も検討をしていないだけである。会計検査院は、この重大な検討課題から逃避しているのである。

この古くからのごみについては、第二章二項で述べた通り、森友学園は、その存在を承知し何らの異議を述べない約束で売買予約契約を締結している。

そして、司法の場においては、前項で述べた通り、建物建築に支障がない埋設物が契約後に発見されたとしても、売主は責任を負わないという判断が出されている。

本件においては、森友学園は、国による埋設物調査で明らかになっている埋設物の存在を承認して契約を結び、その埋設物のうち、コンクリート殻や金属パイプ類のように建物建築に支障がある埋設物は建物建築工事に先立って除去しながら、廃材や生活ごみなどは残置したのであるし、残置したまま杭工事を施工し建物を建築している。

したがって、会計検査院は、古くからのごみについて、その撤去処理費用の全額を売買価格から減算することの当否を検討し、当然、その必要はないと判定するべきであるのに、その検討から逃げている。

その結果、値引き額八億円余りの全額が値引き不当であるものを、古くからのごみの量を推定して記載し、あたかも古くからのごみを対象とする処理費用の全額を売買価格から減額したことが正当であるかのような誤解を生じさせている。

筆者は、役所の巧妙な言い回しで、事案の悪質性を曖昧化しようとしていると見ているが、どうだろうか。

さらに、政府は、値引き額の算出にあたり、一切の瑕疵担保責任を免除する特約を付したことを根拠の一つとしている。

二月二十二日衆議院財務金融委員会　財務省理財局長答弁

「さらに新しい埋設物が出てきまして、今後さらにどのようなものが出てくるかもまさにその時点でわからない中で、本件、隠れた瑕疵も含めて一切の瑕疵について我々売り主の、国の責任を免除する特約というのも頭に入れながら、まさに必要となる埋設物の撤去費用を見積もったということでございまして、その撤去費用につきましては、国土交通省の方で工事算定基準に基づきまして適正に算定したということでございます。」

「新たに地下埋設物が判明したわけでございますので、今後、その地点でさらに深い部分でどんな埋設物が出てくるかわからない中で、本件土地の売買契約におきまして、隠れた瑕疵も含め、一切の瑕疵につきまして売り主であります国の責任を免除するという特約を付すことも勘案しながら、必要となる埋設物の撤去費用を見積もるという考え方で積算したものでございまして、こうした方向性に基づきまして、大阪航空局におきまして工事算定基準に基づき適正に算定したものというふうに考えてございます。」

具体的事由がないのに、もし何か出てきたらという理由だけで瑕疵担保責任を免れるための対価を計算するというのは通例の事務ではあり得ない。しかも、「さらに新しい埋設物が出てきまして、今後さらにどのようなものが出てくるかもまさにその時点でわからない中で、」と説明されているが、その新しい埋設物が出たという事実を会計検査院は根拠が無いと判定しているのであるから、これを理由とする瑕疵担保の免除特約の有償性も当然に否定するべきことになる。

政府が瑕疵担保の免除を受けることが代金減額の根拠の一つだと説明しているのであるから、会計検査院は、この点についても検討を加えた上で不適切であるとの結果を出して報告すべきであろうが、これをしていない。

第三章　なぜ、不当な値引き売却が実行されたのか

一　役所のミスとは考えられない。

1　なぜ、ごみの撤去費用を算定したのか

近畿財務局、そして大阪航空局の両役所が、ありもしないゴミをあると間違え、計算根拠を間違えてごみの撤去費用を算定したのだろうか。

それは考えがたい。

二つのお堅い役所が同時に重大かつ明白な誤りをしでかしたとは考えがたい。

その上、財務局と業者とで、存在しないごみを存在するようなストーリーとするような謀議の録音記録まで公表されるに及んでいる。

これでは、当局が知らなかったということで通用する話ではない。

2　なぜ当局は間違った道を進んだのか

政府は、新たなごみが発見され、そのごみの撤去費用を適正に算出したと繰り返すだけである。この説明に多くの国民は納得していない。

当局が明らかに且つ重大なる間違った道を進んだ裏に、政治の関与があったのではないのか。それも相当に強力な政治の関与が。

誰もが考える疑問である。この疑問の焦点に国政の頂点に立つ安倍総理大臣が浮上する。

一　森友学園は国から極めて異例な配慮を受けて、払い下げを受けている

国は、国有地一般（本件国有地ではなく国有地一般を言う。）を売却する場合、代金未収等の不履行問題を生じないように購入代金を支払う十分な資力を有する者にしか売却しな

いのが原則である。

ところが、本件では、森友学園が契約時点では購入代金の用意が出来ないので、通例では行わないような、売り払いを前提として定期借地として賃貸するという極めて異例な取り扱いがなされている。

十一月二十八日衆議院予算委員会　財務省太田充理財局長答弁

「売り払い前提の定期借地、平成二十四年から平成二十八年度までの間において、財務省全体で一一九四件ございます。公共随契全体が一一九四件でございます。そのうち売り払い前提の定期借地とする特例処理を行った事例は本件のみでございます」

その他、同理財局長は、本件のような瑕疵担保責任免除特約を付した契約、売却代金延納をした契約、契約金額を非公表にした契約が、いずれも同期間において本件のみであって他にはないことを認める答弁をしている。

三　森友学園と安倍総理や夫人との間に関わりがあることが判明する。

1　安倍総理夫妻は第一次安倍内閣の終了後の時点で籠池氏を知っている

二月十七日衆議院予算委員会　安倍総理大臣答弁

「私が総理をやめたときに、うちの妻が知っておりまして、そして、その中で、いわば私の考え方に非常に共鳴している方で、その方から小学校をつくりたいので安倍晋三小学校にしたいという話がございましたが、私はそこでお断りをしているんですね。私はまだ現役の国会議員だし、総理大臣はやめたけれども、この先全く、もう一回復帰することを諦めたわけではないので、未だ現役の政治家である以上、私の名前を冠にするというのはふさわしくないし、そもそも、私が死んだ後であればまた別だけれども、何かそう言う冠をしたいというのであれば、私の郷土の大先輩である例えば吉田松陰先生の名前とかをつけられたらどうですかというお話をしたわけでございます。」

もう一回総理大臣に復帰することを期しているということなので、その時期は安倍総理が第二次安倍政権を樹立した平成二十四年十二月二十六日より前である。

森友学園が、国有地の取得要望を提出したのが平成二十五年九月二日であるから、それより前から、安倍総理夫妻は、「私の考え方に非常に共鳴している方」である森友学園の籠池氏が小学校を作りたいと希望していることを知っていたのである。そして、安倍総理は、その予定する小学校を安倍晋三小学校とすることについて、現役政治家である以上ふさわしくない、そして安倍総理の死後であるなら良いと考えていた訳である。

尚、この安倍晋三小学校という名称を付けることを依頼された件について安倍総理の説明は、微妙に変化している。

二月二十四日衆議院予算委員会　安倍総理大臣答弁

「私は、もしそういう名前をつけられるのであれば、例えば私の地元の偉人である吉田松陰小学校とかいうことがいいのではないですかと。私も完全な人間ではないので、私の身に何があるかもわかりませんから、これは絶対にやめてもらいたいということは再三申し上げている訳であります。

その中で、非常にしつこい中において、非常に何回も何回も熱心に言ってこられる中にあって、ある種苦し紛れに内の家内が、もしかしたら、総理をやめたら気が変わるかもしれませんねということを講演等の中のやりとりで言ったことはありますが、私自身は全く最初からそんなことはみじんも考えてはいないわけでありまして、みずからの人生を顧みて、私の名前を小学校に冠するということは極めて不適切だ、このように考えております。」

このように、二月十七日の答弁では、安倍総理大臣は、まだ総理大臣に復帰する意欲を持つ現役の政治家であることを理由に断ったものであって、自分の死後であれば命名しても良いと答弁をしていたのだが、二十四日の答弁では「そんなことはみじんも考えていない」と全否定に変わっている。

また、夫人が苦し紛れに総理を辞めたら気が変わるかもしれないと言ったと答弁しているが、十七日の答弁は、安倍総理が総理になる前の時点の話をしているのだから、総理になってもいない時点で総理を辞めたら云々という二十四日の答弁は辻褄が合わない。

それと共に、籠池氏の評価に付いても二月十七日には、前記のとおり「いわば私の考え方に非常に共鳴している方」として籠池氏を同志のように述べたが、その後は「子供にしっかりとしつけをする。」（二月二十八日参議院予算委員会）、「私のことをこの人は尊敬している。」（五月九日参議院予算委員会）と表現が変わり、同志的結合とは無関係のような説明に変わっている。

国有地売却の経過が次第に明らかになってその不透明さが増していく一方で、森友学園が経営する塚本幼稚園で、園児に教育勅語を暗唱させたり憲法反対とか安倍総理頑張れなどと言わせている動画がテレビで放送され、多くの国民が異常さを感じるようになる中で、安倍総理の答弁は籠池氏側を突き放すようなものへと変化していることがうかがえる。

2　安倍総理大臣は森友学園が経営する塚本幼稚園に講演の約束していた

三月十三日参議院予算委員会　安倍総理大臣答弁

「これは、妻からこの籠池さんからそういう話があったということを聞いたわけでございます。」

「これは、基本的にはですから行くということを考えたわけでございますが、そこで妻の方からは調整して行くようにしたいと、こういうことで先方に伝えて。」

安倍総理（当時は総理就任前）が講演に行くことを約束した日は、平成二十四年九月十六日であったが、安倍総理が急遽自民党総裁選に出馬することになったためにキャンセルしたというものなので、そうした重要な事情が生じなければ、安倍総理は実際に講演に行っていたのだろう。

その後、安倍総理は平成二十四年十二月二十六日に総理大臣に就任し、一方森友学園は、平成二十五年九月二日に国有地の取得等要望を提出した。

このように、安倍総理夫妻は、森友学園が国有地の取得等要望を申し出る以前から森友学園が小学校の開設を計画し、その小学校に安倍晋三記念小学校と命名したいと希望していたことを知っていたのである。

3　森友学園と昭恵夫人の密接な関係

その後、平成二十七年五月二十九日に、前述のとおり、国と森友学園の間で、売り払いを前提とする定期借地という極めて異例に優遇された契約が締結されたのであるが、この契約日を挟んで三回、昭恵夫人は森友学園が経営する塚本幼稚園において講演を行っている。

政府の説明では、下記日時の三回、昭恵夫人が塚本幼稚園において講演を行い、いずれも総理夫人付きの職員が同行している。

(1)　平成二十六年四月二十五日
(2)　平成二十六年十二月六日
(3)　平成二十七年九月五日

一回目の平成二十六年四月二十五日の講演では、園児達から、

「日本国のために活躍されている安倍晋三内閣総理大臣を、一生懸命支えていらっ

森友学園経営の幼稚園で講演する安倍昭恵総理夫人（平成 27 年 9 月 5 日）

しゃる昭恵夫人、本当に有難うございます。

僕達私達も頑張りますので、昭恵夫人も頑張ってください。」

と言われて、昭恵夫人が感動の涙を浮かべる様子を写す映像が印象的である。

この日、昭恵夫人が籠池氏夫婦と共に国有地まで足を運び、国有地を背にして籠池氏夫婦と並んで写る写真が公けにされている。

昭恵夫人は、籠池氏が安倍晋三小学校と命名したいと希望していた小学校の建設予定地が国有地であることを、遅くともその日には聞いて知っていたと考えてよいだろう。

二回目の講演は、一回目から僅か半年後のことである。しかも、その時期は十二月二日公示、十二月十四日投票日の衆議院選挙のさ中である。

その講演の中で、昭恵夫人は、

「数日間びっしりとスケジュール詰まっていたけど、全てキャンセルさせて頂きました。唯一ひとつだけここだけは、主人に申し訳ないけど、前からお約束をしていたので、行かせてくださいと」

と述べている。

昭恵夫人の森友学園に対する思い入れの強さが良く表れている。

その後、本章二に記載のとおり、平成二十七年五月二十九日に払下げ前提の定期借地という極めて異例な扱いで森友学園を優遇する借地契約が締結された。

三回目の講演は平成二十七年九月五日に行われたが、その講演では、昭恵夫人は、安倍晋三記念小学校の名称について「本当に名誉なことだと思いました」「もしお名前を付けていただけるのであれば、総理大臣を辞めてからにしていただきたい」と発言している。またこの日に、昭恵夫人は森友学園が国有地に開設を予定していた「瑞穂の国記念小學院」の名誉校長に就任している。

こうして明らかになっている事実経過を見るだけでも、安倍総理夫妻特に昭恵夫人は、森友学園が国有地に計画する小学校の建設に相当な思い入れを持っていたことが読み取れる。

4　一〇〇万円の寄付

籠池氏は、平成二十七年九月五日の講演の際に、昭恵夫人から小学校開設の支援として一〇〇万円の寄付を受けたと証言し、一方で政府が寄付の事実を真っ向から否定し対立している。

籠池氏は、証拠として、受け取ったという一〇〇万円を二日後の九月七日の月曜日に郵便局の口座に入金した払込票を公表した。

払込人欄に安倍晋三と記載した字を白く塗り潰し、その上に（学）森友学園と記載されている。

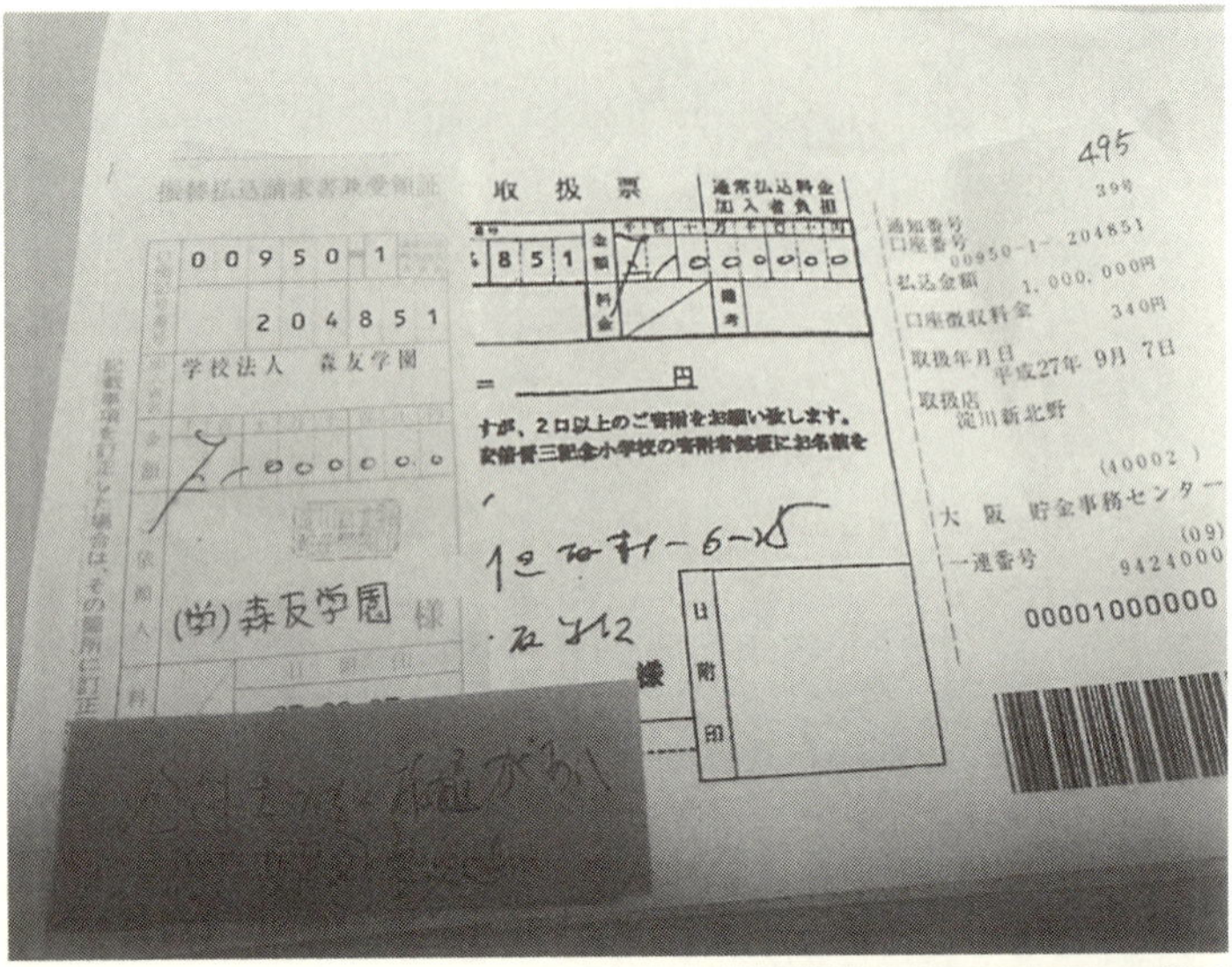
495
取扱票
通常払込料金 加入者負担
00950-1
204851
学校法人 森友学園
(学)森友学園 様
すが、2口以上のご寄附をお願い致します。
安倍晋三記念小学校の寄附者銘板にお名前を
通知番号 39号
口座番号 00950-1-204851
払込金額 1,000,000円
口座徴収料金 340円
取扱年月日 平成27年 9月 7日
取扱店 淀川新北野
大阪 貯金事務センター
一連番号
00001000000

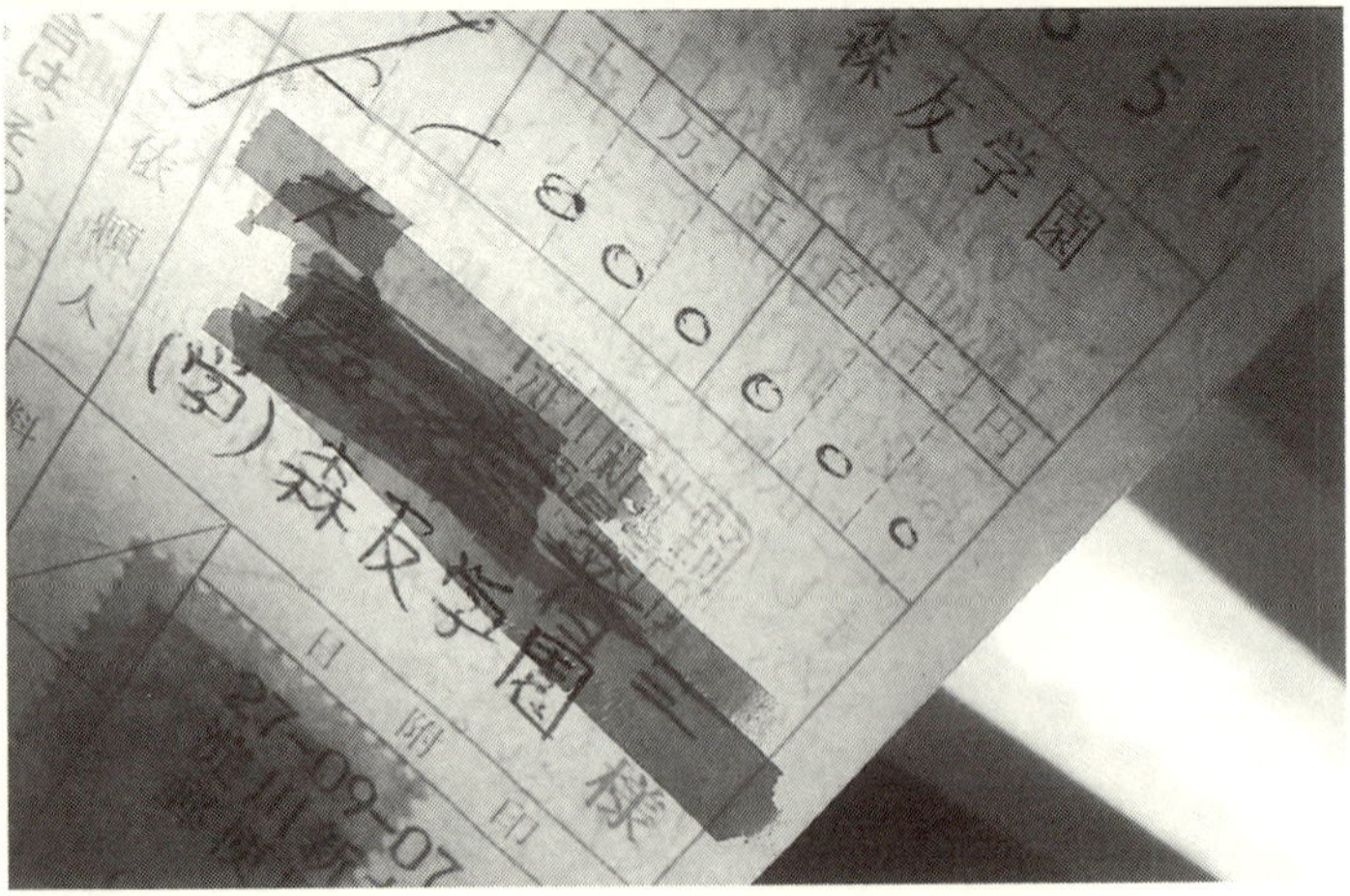
森友学園
(学)森友学園
様

払込票

重要なことは、白く塗り潰した上に訂正印として郵便局の局印が押されていることである。これは、郵便局に提出された時点で、すでに安倍晋三との記載を塗りつぶした記載がされていたことを示している。

そうすると、事後的にねつ造された記載ではないことになるので、森友学園が払込手続時点で払込票に一旦は払込人を安倍晋三と記載したことは間違いのない事実になる。

この払込票の証拠価値は高い。

5　籠池氏と谷氏との書簡

その後、同年十月二十六日発送で、谷査恵子氏宛に籠池氏の要望を書き留めた書簡が送られている。

その要望の内容は、次の五項目である。

(1)　十年間となっている定期借地期間を五十年に変更したい。

(2)　買い取り価格がべらぼうに高い。

(3)　建物建築前の埋設物等撤去中の間、賃料を免除して欲しい。

(4) 賃借料を五〇%に引き下げて欲しい。
(5) 埋設物等撤去費用を二十七年度中に支払って欲しい。

この要望に対し、谷氏から籠池氏に文書で結果報告がされている。
その要点は、「財務省本省に問い合わせ、国有財産審理室長から回答を得た」というもので、五項目の要望事項のうち買取り価格が高いという要望以外の四項目について応じられないと明記されたものであり、買取り価格に関する要望については無回答である。「現状ではご希望に沿うことは出来ないが引き続き当方としても見守ってまいりたい」、「本件は昭恵夫人にもすでに報告させて頂いている」と書き添えられているというものである。

籠池氏が谷氏に手紙を出した経緯について、籠池氏は、昭恵夫人の携帯に留守番電話のメッセージを残したところ、谷氏から連絡をもらったと述べる。

三月二十三日参議院予算委員会　籠池証言

「私たちの教育理念に賛同している昭恵夫人に助けをいただこうと考えまして、昭恵夫人の携帯に電話を致しました。平成二十七年の十月のことです。留守電でしたので、メーセージを残しました。すると後日、内閣総理大臣夫人付きの谷査恵子さんという方から御連絡をいただき、なかなか難しいとのお返事をいただきました。平成二十七年十一月十七日に総理大臣夫人付き谷査恵子さんから頂いたファクスでは、大変恐縮ながら現状では希望に沿うことはできない、なお、本件は昭恵夫人にも既に報告させていただいておりますというお言葉をいただきました」

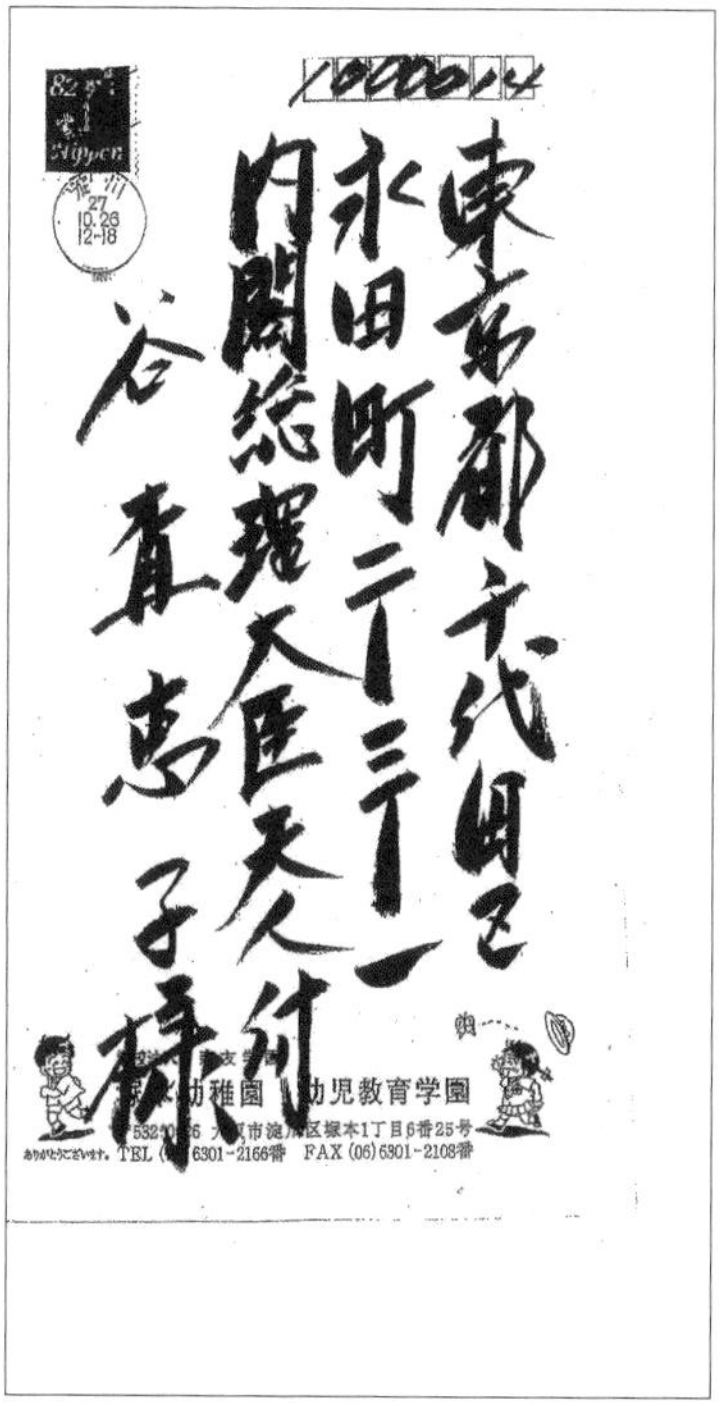

谷氏に宛てた籠池氏からの郵便

安倍総理が掲げている政策を促進する為に

※国有財産(土地)の賃借料を50%に引き下げて

運用の活性化を図るということです。

※学校の用地が半値で借りられたらありがたいことです。

A'の関係してですが、平成27年2月契約事前の段階で、財務と航空の調整の中で学園側が工事費を立て替え払いして平成27年度予算で返金する約束でしたが、平成27年度予算化されていないことが9月末発覚し、平成28年度当初に返金されるという考えられないことも生じています。11月中に工事が終わりますのに5ヶ月間のギャップはどう考えているのか航空局の人間の金銭感覚が変です。5ヶ月間の利息は?　ふりまわされています。

新聞記事と当方の契約書を同封いたしますので

よろしくお願いします。

籠池

小学校敷地の件について

小学校用地として豊中市野田1501の国有地を
買売予約附 定期借地として契約。（国土交通省航空局の土地）
交渉先は近畿財務局

当方としても買収をしたかったが資金調達都合があったので
10年以内に購入希望としたところ、10年定借という当方にとっては
切迫感のある契約となった。事業用定借というのは長期間借
りることにより経営が安定するのだが学校という扱いが財務省
側はしていないので　長期間使用する必要がある
非常に不安である。
学校が事業用地で定借10年は短かすぎ（10年以内に買い取り
し、それができなければ建物を取りこわして原状に復する）、10年で
買い取るつもりではあるが、事業環境が変わったりするので
やはり50年定借として早い時期に買い取るという形に契約変更
したいのです。でないと安心して教育に専念できない。
買い取り価格もべらぼうに高いのでビックリしている。
A※ さらに現在、借地契約のあと、土壌汚染や埋蔵物（ガラなど）
を撤去しており、本来国が契約前に撤去するか、撤去を
している間は賃借料（227万円/月）が発生しないのが民民契約
だが、国との契約だから従ってもらわねばならぬということで
現在に至る。建物建築時から借料が発生するのが本来で
あるのにおかしいと思う。

谷氏宛の籠池氏の書簡

籠池様

平素よりお世話になっております。
先月頂戴しました資料をもとに、財務省国有財産審理室長の田村嘉啓氏に問い合わせを行い、以下の通り回答を得ました。

1）　１０年定借の是非

通常、国有地の定借は３年を目安にしているが、今回は内容を考慮し、１０年と比較的長期に設定したもの。他の案件と照らし合わせても，これ以上の長期定借は難しい状況。

2）　５０年定借への変更の可能性

政府としては国家財政状況の改善をめざす観点から、遊休国有地は即時売却を主流とし、長期定借の設定や賃料の優遇については縮小せざるをえない状況。介護施設を運営する社会福祉法人への優遇措置は、待機老人が社会問題化している現状において、政府として特例的に実施しているもので、対象を学校等に拡大することは現在検討されていない。

3）　土壌汚染や埋設物の撤去期間に関する賃料の扱い

平成２７年５月２９日付　EW第３８号「国有財産有償貸付合意書」第５条に基づき、土壌汚染の存在期間中も賃料が発生することは契約書上で了承済みとなっている。撤去に要した費用は，第６条に基づいて買受の際に考慮される。

4）　工事費の立て替え払いの予算化について

一般には工事終了時に精算払いが基本であるが、学校法人森友学園と国土交通省航空局との調整にあたり、「予算措置がつき次第返金する」旨の了解であったと承知している。平成２７年度の予算での措置ができなかったため、平成２８年度での予算措置を行う方向で調整中。

谷氏より籠池氏宛の回答文

塚本幼稚園　幼児教育学園
総裁・園長
籠池　泰典　様　[redacted]

前略　平素よりお世話になっております。
先日は、小学校敷地に関する国有地の売買予約付定期借地契約に関して、資料を頂戴し、誠にありがとうございました。

時間がかかってしまい申し訳ございませんが、財務省本省に問い合わせ、国有財産審理室長から回答を得ました。

大変恐縮ながら、国側の事情もあり、現状ではご希望に沿うことはできないようでございますが、引き続き、当方としても見守ってまいりたいと思いますので、何かございましたらご教示ください。

なお、本件は昭恵夫人にもすでに報告させていただいております。

内閣総理大臣夫人付
谷　査恵子
[redacted]

※明日より出張のため、携帯番号がしばらくつながらない可能性がございます。ご迷惑をおかけいたします。

三月二十三日衆議院予算委員会　籠池証人質疑

質問者　「籠池さん自身が誰かの政治家に対して、これを値引きしてくれという交渉をされたあるいはお願いをしたということはありますか」

籠池証人　「純粋な政治家の方の対応はなかったというふうに思います。」

質問者　「純粋な政治家と言われましたけれども、昭恵さんにあったと言うことですか、それは裏返して言うと。値引きに関して。」

籠池証人　「いや、先ほど谷秘書のことが出ましたから、そこで財務省の方に多少の働きをかけていただいたということでございました。従いまして、生活ごみが出てまいりました後、急転直下、物事が動いたということは、そういうふうな考え方もあろうかと思います。」

籠池証言を聞く限り、昭恵夫人の関与があったように思えるが、昭恵夫人、谷氏共に自らの口では何も語らない。政府は、籠池氏と谷氏とのやりとりであって昭恵夫人は何も関わっていないと説明する。

合わせて、財務省の回答が要望には何も応じていないゼロ回答であるから、働きかけがあったとは言えないとも説明する。確かに、五項目中の四項目は拒否回答であるが、買取り価格が高すぎるという要望事項については何も答えていない。即ち拒否をしていないのである。

ここは、直接当事者である昭恵夫人、谷査恵子氏、財務局担当官らの説明をもらいたいが、国会での証人喚問等は与党自民党が応じないので実現していない。安倍総理大臣は、「私や妻が関係していたということになれば、まさに私は、それはもう間違いなく総理大臣も国会議員もやめる」と国民に約束し、また国民に丁寧に説明することも約束した。安倍総理大臣、政府与党はその責任において国民に対し、早急に経過を丁寧に説明するべきである。

6　財務省、国交省は、信頼できる説明を

財務省、国交省が信頼を損ねる説明に終始していることは既に述べた。

行政のあり方として、問題が生じたなら厳正に調査して国民に正しく且つ詳細に説明するべき義務があると思うが、政府はその義務を果たしていない。それどころか、交渉記録が廃棄済みであるとして交渉経過を詳らかにしていない。

この交渉記録の廃棄について、政府は、売買契約締結によって事務が終了したので廃棄したものだと説明する。しかし、売買代金は十年間の分割払いであって全額の支払いを受けていない。合わせて、土地を学校用地として利用しない場合には国は買戻し権を行使する契約になっているので売買契約締結だけで事務が終了したとは明らかに言えない。

国有地の低廉売却は著しく不当であるが、問題はそれに止まらず、不当と思われる事実を調査解明して正すことが行政の基本であるにもかかわらず、組織を上げて記録の廃棄など事実の隠蔽を図り責任を免れようとする姿勢は国民に対する重大な背信行為である。

行政がここまでねじ曲げられた責任の所在はどこにあるのか。安倍総理大臣は、行政の責任者として、国民に丁寧に且つ正しく説明をするべきである。

あとがき

森友学園に対する国有地の払い下げ問題は、未だ解決に至らず現在も真相の究明と責任の明確化を求める国民の声が止まない。本書の出稿後にも新たな事実の判明や事象の展開が生ずるであろうが、事件を検討する上での基本に値引き理由のごみの存否とごみ処理費用相当額を土地代金から減額したことの不当性があることは変わらない。

行政が、確かな根拠が何も無いのに新たなごみが存在すると扱い合理性を見出しがたい処理費用を算出して、これを土地代金から値引きしたという著しく不当な行政事務が行われたことが本件の問題なのであるが、さらに重要な問題として、このように不当な事務が敢行されたことが判明した後の政府行政の対応のあり方がある。

間違いがあるなら、その間違いを改めて結果を補正するとともに、間違いの原因を解明して同様の間違いが繰り返されないような措置をとることが政府行政に期待される対応である。しかし、問題発覚後の政府行政の対応は驚くべき程に見苦しいもので、事実の隠蔽と責任の回避を図るだけの行動を繰り返している。あるべき政府行政の姿とは真逆の対応である。こうした対応が、政府と行政の組織をあげてとられていることが、森友・国有地払い下げ問題をより深刻なものとしている。

国民から見て、分かりやすいほどに不正な払い下げであり、これを政府行政が見えすいた弁明と嘘と強弁そして開き直りでやり過ごそうとしている。こうした国民無視の姿勢を政府と行政が組織をあげてとっていることにこそ、深刻な問題意識を抱かなければならない。政府行政は、国民を差し置いて為政者と役人のために存在するのかと。

森友問題が国民の関心を集めて展開する中で、誤った情報や恣意的な見解が報じられることがある。新たなごみの存在に関する報道もその一つである。

新たなごみの存在を裏付ける適切な証拠資料は無いので、新たなごみが発見されたというのは客観的に確認された事実ではない。即ち、新たなごみが発見されたと業者が申し出た事実と、その申し出を国が承認した事実があるだけで、新たなごみの存在が確認されたわけではない。会計検査院が、国があらたなごみの存在を認めたことについて十分な根拠が確認できないと指摘するとおりである。

ところが、数ある報道の中には、新たなごみの存在が確認されたと前提に置く記事が見受けられる。こうした誤った前提に立つと、事件は単なるごみ処理費用の評価の問題に矮小化されてしまう。近畿財務局と財務省理財局そして国交省大阪航空局という複数の機関の多数の担当者が、判断を誤るとは考え難い状況下において、一様に誤った判断の下で事務を進めたという異常性にこそ本件の問題の本質がある。そして、その異常な事務が進められた背景に何があるのかが真に解明されるべき課題である。

誤った報道が、意図的なのか不勉強がもたらしたものかは分からないが、今後も森友学園に対する国有地の払い下げ問題の究明は続くであろう。その基本前提において新たなごみは存在しないという事実を踏まえる必要があるが、本書において、新たなごみが存在しないことを十分に論証し得たと自負している。

二〇一八年二月

小川敏夫

[著者略歴]

小川敏夫（おがわ　としお）

参議院議員。1970 年に立教大学法学部卒業、同年司法試験合格。静岡地方裁判所裁判官、東京・福岡・横浜の各地方検察庁検事を経て、弁護士。
1998 年の参議院議員選挙東京選挙区で当選、現在 4 期目。
2012 年 1 月野田改造内閣で法務大臣を務める。
2016 年 8 月から民進党参議院議員会長。
著書　『指揮権発動　検察の正義は失われた』（朝日新聞出版）

森友《もりとも》・国有地払下《こくゆうちはらいさ》げ不正《ふせい》の構造《こうぞう》

2018年3月20日　初版第1刷発行　　定価1600円＋税

著　者　小川敏夫 ©
発行者　高須次郎
発行所　緑風出版
〒113-0033　東京都文京区本郷2-17-5　ツイン壱岐坂
［電話］03-3812-9420　［FAX］03-3812-7262［郵便振替］00100-9-30776
［E-mail］info@ryokufu.com［URL］http://www.ryokufu.com/

装　幀　斎藤あかね　　カバー写真　横田一
制　作　R企画　　印　刷　中央精版印刷・巣鴨美術印刷
製　本　中央精版印刷　　用　紙　大宝紙業・中央精版印刷　　E1500

ISBN978-4-8461-1802-0　C0031